Selim Özdogan

Passen die Schuhe, vergisst man die Füße

Selim Özdogan

Passen die Schuhe, vergisst man die Füße

Die ZEIT-ONLINE-Kolumnen

asphalt & anders Verlag

www.asphalt-anders.de

Korrektorat: Simone Winkens, Hamburg
Satz: Nico Schröder, Hamburg
Titelgestaltung: Monika Bendel, Fischbach, unter Verwendung eines Bildes von der_hannes/photocase.de
Autorenfoto: Tim Brüning, Münster
Gesamtherstellung: CPI Books, Leck

ISBN 978-3-941639-07-2

Inhalt

Vorwort

Musste das sein, frage ich mich, während ich jetzt diese Texte wieder lese und mit Kommentaren versehe, wo ich es für angebracht halte. All dieses Namedropping, all diese Versuche, sich abzugrenzen, diese Allgemeinplätze, die Wiederholungen, die mir damals nicht aufgefallen sind, die viel zu lauten Antworten auf wichtige Fragen, die so tun möchten, als wären sie gar keine Antworten.

Aber ich kann auch Gedanken und Ideen erkennen, die geblieben sind, manche haben ihren Weg in Romane und Erzählungen gefunden, manche tun immer noch so, als seien sie ein Stück von mir. Ich kann diesen Raum namens Text betreten und fühle mich zu Hause. Aus zweidimensionalen Informationen entsteht eine dreidimensionale Welt, und die Erinnerung lügt mir die gesamten drei Jahre, in denen diese Kolumnen geschrieben wurden, zu einer schönen Zeit zurecht.

Doch es war eine schöne Zeit, auch ohne die Lüge. Ich habe gerne geschrieben, ich habe die Freiheit genossen, mal dieses und mal jenes zu machen, an keine Form gebunden zu sein, sondern nur an eine Maximallänge. Ich habe es genossen, mit Redakteuren zu arbeiten, die nicht versucht haben, die Texte in eine Richtung zu lenken oder in eine Gattung zu pressen, die mir nichts erzählt haben von Wiedererkennungswert, von Zielgruppe, von der Unmöglichkeit, einem lustigen Text einen traurigen folgen zu lassen. Ich habe es genossen, für ein Magazin zu schreiben, wo junge Leute mit Enthusiasmus arbeiteten, für die *Grenze* nur ein Wort war, die Sachen ausprobieren wollten und schauen, in welche Richtungen man so ein Steuerrad noch bewegen kann.

Ich habe ohne Entlohnung geschrieben, und auch das war schön, weil das ebenfalls Freiheit bedeutet, Freiheit von dem Zwang, Geld verdienen zu müssen mit dem, was man da macht, weil man sonst kaum etwas gefunden hat, für das die anderen einen bezahlen wollen.

Es musste eine Freude sein, einfach die Wörter zu gebrauchen, und das verstand ich hier zum ersten Mal. Wenn niemand da ist, der einen Menschen unterbricht oder ihn bewertet, dann hat er vielleicht Freude daran, einfach die Wörter gebrauchen zu dürfen. Für diese Freude gibt es keine Erklärung, heißt es bei Peter Høeg.

(Muss das immer sein, diese Erwähnung von Namen? Ja. So ist die Welt in meinem Kopf, ich bin von Menschen beeinflusst.)

Es war eine große Freude, so zu schreiben, wie ich es bei diesen Texten tun durfte, deswegen erscheint mir die Zeit so schön. Ich hoffe, man kann diese Freude erkennen.

Den Wörtern Leben schenken

In Kairo findet gerade eine Buchmesse statt, und Deutschland ist dieses Jahr Ehrengast. Ich bin auch eingeladen, um die deutsche Literatur zu vertreten, und sitze dort eines Nachmittags mit einigen anderen Autoren auf einem Podium. Wir sollen die eine oder andere hochwichtige literarische Frage erörtern. Am Abend desselben Tages spielt Ägypten im Africa Cup gegen Marokko, und aus diesem Grund darf nach zwölf Uhr mittags niemand mehr auf das Messegelände. Das ist die Begründung, die sie uns nennen; wie das logisch zusammenhängt, weiß ich nicht. Zu dem vorherigen Ägyptenspiel ist die Messe wohl ganz geschlossen worden, weil der Präsident es sich im Stadion anschauen wollte. Möglicherweise werden im Gegenzug Fußballplätze gesperrt, wenn der Mann zu Hause ein Buch liest.

Zu unserer Veranstaltung sind nur wenige Zuschauer gekommen, und ich habe freien Blick auf die verglaste Kabine des Simultanübersetzers. Wenn er vom Arabischen ins Deutsche übersetzt, kann ich sehen, wie sich seine Lippen bewegen, und den konzentrierten Ausdruck in seinen Augen kann ich zumindest erahnen. Wenn er vom Deutschen ins Arabische übersetzt, dann redet seine ganzer Körper. Seine Arme bewegen sich, als wolle er das Gesagte gestikulierend veranschaulichen. Auch seine Mimik wird leidenschaftlicher. Unser Übersetzer steht mit dem Gesicht zu uns in seiner Kabine, und sein Körper spricht, als würde er vom Publikum mehr sehen als nur Rücken.

Egal wie steif wir da sitzen, während wir wichtige Worte von uns geben, der Dolmetscher hebt die Wörter mit seinen Händen an und gibt ihnen einen Schubs, bevor er sie in die Welt hinausschickt. Das gefällt mir. Es gefällt mir, weil wir gerade so tun, als hätten wir etwas Wichtiges zu sagen, während unsere Arbeit eigentlich darin bestehen sollte, Worten Schwung zu verleihen.

Keine Angst

Ich habe Ratten gesehen in Tierhandlungen. Ich habe Ratten gesehen, die bei Punks auf der Schulter saßen. Ich habe Ratten gesehen in Indien, die fast schon frech wirkten. Ich habe einmal eine Ratte gesehen, wie sie im Schein einer Straßenlaterne schwarz glänzend im Gully verschwand. Wir haben alle schon Ratten gesehen, und mir hat das nie sonderlich etwas ausgemacht. Waren halt da, sahen nicht schön aus, aber geekelt hat es mich nicht. Und das entsetzte Quieken mancher Menschen beim Anblick einer Ratte habe ich oft als übertrieben empfunden.

Eines Abends höre ich, als ich gerade am Badezimmer vorbeigehe, ein ungewohntes Geräusch, das so klingt, als käme es von unter Wasser. Es könnte mit meinem tropfenden Wasserhahn zusammenhängen, doch dafür ist das Geräusch viel zu laut. Ich habe einen von diesen WC-Würfeln gekauft, die man in den Spülkasten hineinlegt. Es könnte sein, dass der jetzt auf mysteriöse Weise ins Klo gerutscht ist. Diese beiden Möglichkeiten fallen mir in der Sekunde ein, in der ich zur Klinke greife. Ich öffne die Tür, merke, dass ich das Licht angelassen habe, schaue angezogen von der Bewegung zum Klo, dessen Deckel ich aufgelassen habe, und sehe eine Ratte. Eine fast unterarmlange, nass glänzende Ratte mit schwarzen Augen, die aus meinem Klo herausschaut. Während ich die Tür blitzschnell wieder schließe, höre ich nochmals dieses Geräusch, das so klingt, als würde es unter Wasser erzeugt werden. Ich schlage die Hände vors Gesicht, eine Bewegung, die ich von mir gar nicht kenne.

Du kennst dich selbst nicht, das ist der Grund, warum du auf dem Weg anderen begegnest. Du sollst dich selber besser kennenlernen, heißt es.

Ich wusste nicht, dass ich Angst vor Ratten habe. Und ich habe immer noch keine Angst vor diesen ganzen Ratten, die schön weit weg sind. Aber wenn es darauf ankommt, die Ratte und ich, Angesicht zu Angesicht in meinem kleinen Badezimmer, überlasse ich der Ratte das Feld. Und das hat nicht mal etwas mit dem Schreck zu tun, fürchte ich, ich würde es nächstes Mal wieder so machen. Es beruhigt mich nicht ausreichend, dass die Ratten auch Angst vor mir haben.

Und das nächste Mal, wenn ihr auf die Toilette müsst – denkt an mich.

Ihr

Manchmal würde ich gerne *ihr* sagen. Ihr da draußen. Ihr mit euren spackigen Ansichten und Meinungen. Ihr, mit denen ich mich eigentlich nicht beschäftigen will. Ihr habt sie doch nicht mehr alle.

Wenn Michael Moore einen höchst emotionalen, polemischen, amerikakritischen Film dreht und diesen als Dokumentation ausgibt, ist das in Ordnung. Wenn ein türkischer Film, der als fiktionaler Film erkennbar ist, angeblich amerikafeindlich ist, löst das arge Bedenken aus, und große Kinos nehmen ihn auf Empfehlung von Politikern aus dem Programm. Zensur gibt es hier keine.

Wenn Faschisten in verschwindend kleinen Gruppen demonstrieren wollen, was in einer Demokratie ihr gutes Recht ist, finden sich immer irgendwelche Menschen, die das im Namen des Guten verhindern wollen und mit Tomaten und Eiern schmeißen, als hätten sie jedes Recht dazu.

Als in der Türkei den Kurden ihre Sprache noch verboten wurde, war das zutiefst undemokratisch und wurde hierzulande scharf kritisiert. Heute kann man in Deutschland darüber diskutieren, ob Deutsch nicht als verbindliche Sprache auf Pausenhöfen eingeführt werden soll.

Seit 2003 haben wir weltweit 175 dokumentierte Erkrankungen von Menschen an Vogelgrippe, gestorben sind 95 davon. Zu dieser Statistik tragen auch südostasiatische Länder bei, in denen Hühner mancherorts noch zum normalen Straßenbild gehören. Was soll also das ganze Bohei?

Wenn man in Deutschland eingebürgert werden möchte, muss man angeblich Fragen beantworten, die streckenweise viel zu privat sind. Dabei stimmt das gar nicht unbedingt. Wenn man eine Sportart sehr gut beherrscht und damit zum nationalen Ansehen beitragen kann, wird man ratzfatz ohne viel Gewese eingebürgert.

Wenn ein Trainer hingegen möglicherweise dem nationalen Ansehen schaden könnte, wird diskutiert, ob er vor den Sportausschuss des Bundestages soll.

Ich würde gerne *ihr* sagen. Ihr habt sie doch nicht mehr alle, ihr glaubt jeden Scheiß, den man euch vorsetzt, und wollt bei jedem noch so absurden Thema mitreden, ohne die geringste Ahnung zu haben. Ihr lasst euch jeden Furz als Nachricht auftischen und merkt nicht mal, dass es nur heiße Luft ist. Wenn jemand *Meinungsfreiheit* und *freiheitlich-demokratische Grundordnung* sagt, dann lasst ihr euch einreden, es ginge um Werte und merkt nicht, wie hier mit bloßen Worthülsen hantiert wird.

Ich würde gerne *ihr* sagen – doch es gibt kein *ihr* und es gibt kein *da draußen.* Ich bin Teil dieser Welt und Teil der ganzen verkorksten Medienmaschine. Und ich kann mir nicht mal einreden, ich sei ein Sandkorn.

Es ekelt mich manchmal, zu sehen, wie sehr wir darin versagen, es uns hier schön zu machen.

Seltsame Wesen

Als Kind hat es mir nie eingeleuchtet, dass Fußballer während des Spiels nicht aufs Klo müssen. Mein Vater meinte, sie würde bis zur Halbzeit warten, wenn sie pinkeln müssen.

- Aber wenn es während des Spiels ganz dringend ist?, wollte ich wissen.

- Das passiert nicht, war die Antwort, die gehen vor dem Spiel und wenn nötig, noch mal in der Pause, sonst bleiben sie auf dem Platz und spielen.

Er schien ja recht zu haben, nie entdeckte man einen, der sich, möglicherweise eine Hand zwischen den Beinen und von einem Fuß auf den anderen hüpfend, davonstahl und wenige Minuten später erleichtert weiterspielte.

Als ich älter wurde, hat mir das eingeleuchtet, und ich habe mir jahrelang keine Gedanken mehr darüber gemacht.

Wenn ich Yoga unterrichte, passiert es immer wieder mal, dass jemand einfach hinausgeht. Ich nehme an, dass derjenige dann zur Toilette muss oder sonst etwas Dringendes zu erledigen hat. Wir sind ja alle fast erwachsen, niemand ist mir Rechenschaft schuldig.

Letztens stand eine Frau nach einigen anstrengenderen Übungen auf und ging hinaus. Aufs Klo, dachte ich. Als sie nach fünf Minuten noch nicht wieder zurück war, habe ich vermutet, es würde sich um ein ausführlicheres Geschäft handeln. Als sie nach zehn Minuten nicht zurück war, habe ich mich gefragt, ob sie sich wohl wehgetan hat. Oder einen Kreislaufzusammenbruch hatte. Einen Krampf, einen Muskelriss, eine Bänderdehnung? Oder ob ihr die Stunde so sehr missfallen hat, dass sie nach Hause gegangen ist. Aber ihre Tasche war noch da.

Nach etwas mehr als einer Viertelstunde kam sie wieder. Mir fiel nichts Ungewöhnliches an ihr auf, also habe ich sie gefragt: Alles klar?

Ja, sagte sie, ich habe mich draußen noch unterhalten. Entschuldigung.

Wie gesagt, wir sind ja alle fast erwachsen, und es kann ja jeder machen, was er will. Aber es hat mich gewundert. Das ist Yoga, das hat mit Konzentration zu tun, das ist nicht so etwas wie Chips essen vor dem Fernseher, wo man sich in der Werbepause noch schnell Nachschub holen kann. Menschen sind seltsame Wesen, ich habe auch schon mal einen gesehen, der schweißnass aus der Sauna ging, weil draußen sein Mobiltelefon klingelte.

Aber nun weiß ich den wahren Grund, warum Fußballer und andere Sportler während des Spiels oder Wettkampfs nie auf die Toilette gehen. Nicht, weil sie nicht müssen, denn das kann jedem mal passieren. Nein, sie gehen einfach nicht, weil sie auf dem Weg in ein Gespräch verwickelt werden könnten.

Wer zum Teufel …?

Es gibt ein Bootleg von Lucinda Williams in Berlin, auf dem sie bei der Ansage eines Stücks so einige Blueskünstler aufzählt, die sie beeindruckt und beeinflusst haben. Die meisten Namen sagen mir nichts, zugegeben, und auch im Publikum gibt es kaum Reaktionen, drei oder vier Leute, die johlen, als sie den Namen Stevie Ray Vaughan hören. Lucinda Williams erwähnt, dass sie auch die White Stripes mag, und da applaudieren dann alle.

So würde die Musikindustrie funktionieren, erklärt die Sängerin den Leuten, sie würden applaudieren, weil sie die White Stripes aus dem Musikfernsehen kennen. Aber sie sollten sich nicht danach richten, es würde nichts bedeuten, ob man auf MTV gespielt wird oder nicht. Es gebe jede Menge gute Musik da draußen, die man selbst entdecken müsse. Sie sollten sich nicht von der Industrie erzählen lassen, was sie hören wollen und was nicht. Und wieder applaudieren die Leute.

Warum eigentlich? Ich steige nicht dahinter. Vielleicht applaudieren ja andere, als diejenigen, die bei der Erwähnung der White Stripes geklatscht haben. Dennoch: Es klingt, als würden sie ihre eigene Dummheit bejubeln.

Es ist nicht nur die Musikindustrie, es ist der ganze Laden, der so funktioniert: Bücher, Platten, Filme, Ausstellungen, Theater, Oper – Kultur ist eine Ware, die vermarktet wird, und die meisten von uns sind markthörig, auch wenn sie das nicht wahrhaben wollen.

Auch der ganze sogenannte Alternative-Scheiß wird vermarktet und von Menschen gehört, die sich oft unglaublich individuell vorkommen, weil sie nicht dem billigen, langweiligen Mainstream verfallen sind. Dabei ist ihr Musikgeschmack genauso vorhersagbar, wie eine Komödie mit Queen Latifah.

Viele sind verseucht von der Idee, originelle Individuen zu sein, deshalb applaudieren die Menschen, wenn Lucinda Williams sagt, sie sollten sich nichts von der Industrie vorschreiben lassen. Doch sie sind nur Konsumenten in einer Konsumwelt, es gibt keinen Weg da raus.

Nur, wer zum Teufel ist eigentlich diese Lucinda Williams? Die hat auch noch niemand auf MTV gesehen.

Tanken

Sie hat den Wagen vor gut einem Jahr gekauft, sie braucht ihn beruflich. Es ist das erste Mal, dass ich dabei bin, als sie tanken muss. Zielstrebig fährt sie an eine Dieselzapfsäule, die etwas abseits steht. Mittig gibt es Zapfsäulen mit mehreren Zapfhähnen, aber bei der, an der wir nun stehen, hat man nicht die Wahl.

Ich wundere mich, weil ich gar nicht bemerkt habe, dass sie einen Diesel fährt. Aber dann wiederum achte ich auch nicht sonderlich auf diese Sachen. Sie steigt aus, steigt kurz darauf wieder rein, lässt den Motor an und legt den Rückwärtsgang ein.

Schon wieder die falsche Seite, sagt sie.

Kurz darauf stehen wir nicht mehr links, sondern rechts neben der Zapfsäule. Wieder nimmt sie den Zündschlüssel heraus und steigt aus. Und kurz darauf wieder ein.

Das ist ja nur Diesel, sagt sie und lässt den Wagen wieder an.

Ich bin beeindruckt, weil es ihr überhaupt nicht peinlich ist.

Es gibt verschiedene Arten zu leben, und jeder Fehler findet jemanden, der ihn macht. Und manche Fehler suchen sich Menschen aus, von denen sie immer wieder gemacht werden. Ganz gewitzte Fehler, wie immer wieder an der falschen Seite der Zapfsäule zu stehen, suchen sich Menschen, denen sie einfach nur egal sind.

In der Hälfte der Fälle steht man auf der richtigen Seite, und bei der anderen Hälfte kostet einen die Korrektur des Fehlers keine Minute. Also, was soll's.

Ich könnte es auf Dauer nicht ertragen, aber ich beneide so ein Verhalten, auch weil es mir nicht gegeben ist. Ständig achte ich darauf, ob ich alles richtig mache. Selbst wenn ich schon am Urinal stehe, stelle ich mir manchmal die Frage, ob ich mich nicht verguckt habe und auf der Damentoilette gelandet bin.

Soundtrack

Wenn ich mit meinem Kopfhörer auf den Ohren durch die Straßen gehe, habe ich oft das Gefühl, in einem Film zu sein. Manchmal ist es ein ziemlich schlechter Film, aber mir gefällt der Soundtrack.

Das ist nicht ganz richtig, ich habe meist nicht das Gefühl, in einem Film zu sein, sondern einen Film zu sehen. Ich komme mir vor wie ein Zuschauer, aber gleichzeitig bin ich ganz in meiner eigenen Welt. Das führt oft dazu, dass ich mir die Menschen sehr genau ansehe, eine besondere Nase, ein Muttermal am Ohrläppchen, ein Schlüsselbein, dessen Schwung so aussieht, als könnte er mich in eine Liebesgeschichte katapultieren. Sehr häufig sehe ich den Leuten auch in die Augen, hemmungslos, offen und lange. Möglicherweise wirke ich etwas abwesend und gleichzeitig aufdringlich dabei, weil ich einfach das Bewusstsein dafür verliere, dass das echte Menschen sind, die sich belästigt fühlen könnten. Die Musik schneidet mich ab von der Außenwelt, ich habe nicht mehr das Gefühl, dazuzugehören, und wenn ich schon außerhalb bin, kann ich mir auch alles ganz genau anschauen. Was manchmal eben dazu führt, dass ich hineinfalle, in Augen, in nackte Schultern oder wunderbar schiefe Zähne. Ohne Musik würde ich mich nie trauen, so zu gucken.

Vielleicht sollten wir alle viel mehr Musik hören und uns mehr ansehen, vielleicht bringt es ja etwas, es passiert sowieso selten genug, dass zwei Menschen das Gefühl haben, im selben Film gelandet zu sein.

Bagger

Wir sitzen auf einer Wiese, es ist eine Sommernacht, neben uns brennen Fackeln, die Stimmung ist angenehm. Ein blonder Mann Anfang zwanzig, der so wirkt, als könne er nicht mal beim Schlafen richtig entspannen, erzählt, dass er einen Seecontainer in einer Lagerhalle hat. Der Container steht allerdings schief in der Halle, und das stört ihn.

Ich weiß, so kann man eine Geschichte nicht erzählen, es gibt dann immer Menschen, bei denen diese Informationen zahlreiche Fragen hervorrufen. Wie, Seecontainer? Wie, Lagerhalle? Was ist denn in dem Container drin? Warum braucht man so etwas? Was ist das überhaupt – ein Seecontainer?

Ich habe nicht nachgefragt, ich habe einfach nur zugehört. Aber ich glaube, in dieser Geschichte geht es nicht um Seecontainer und Lagerhallen, es geht um Bagger.

Um den Container nämlich wieder gerade zu rücken, hat der Mann sich einen Bagger geliehen. Der Bagger allerdings war schon seit fünfzehn Jahren nicht mehr gewartet worden und tat es einfach nicht. Er sah aus wie ein Bagger und hatte auch mal die Arbeit eines Baggers verrichten können, aber nun hatte er einige Macken. Der Mann versuchte, den Bagger zu reparieren, weil er sich auskennt mit den Macken, die Bagger, Autos und Lkws haben können. Doch er schaffte es nicht und gab den Bagger entnervt zurück. Der Container stand immer noch schief.

Über Umwege bekam er dann einen Bagger geschenkt, erzählte er freudestrahlend, und die Umstände, die er schilderte, waren glaubhaft. Er rückte den Container wieder gerade.

Toll, sagte ich, aber was machst du jetzt mit dem Bagger?

Einen Bagger kann man immer mal gebrauchen, sagte er, und es klang, als sei er ehrlich überrascht darüber, dass ich das nicht wusste. Es klang, als wären Bagger so etwas Ähnliches wie Schweizer Taschenmesser.

Ich sah ihn an und versuchte, es zu verstehen. Ich versuchte, die Welt eines Menschen zu verstehen, in der man Bagger immer mal gebrauchen kann.

So blöd kann keiner sein

Einmal hatte ich das Pech, einen halben Abend am gleichen Tisch zu sitzen wie Hella von Sinnen. Seitdem weiß ich, dass Lesben in diesem Land aufs Schrecklichste diskriminiert werden. Nicht weil sie alle so vorlaut, geschmacklos, geschwätzig und aufmerksamkeitssüchtig wären, sondern einfach nur wegen ihrer sexuellen Orientierung.

Aber es werden ja auch heterosexuelle Frauen in diesen sogenannten Parallelgesellschaften unterdrückt, sie müssen ein Kopftuch tragen und dürfen keinen Sex vor der Ehe haben. Und auch Frauen in der Mehrheitsgesellschaft werden unterdrückt, selbst wenn sie rausgehen und arbeiten, verdienen sie nicht das Gleiche wie Männer.

Schwarze werden diskriminiert, Juden, Ausländer, Behinderte, Tätowierte, Vorbestrafte, Obdachlose, Mantafahrer, jede Randgruppe nimmt für sich in Anspruch, benachteiligt zu sein. (Uuups, von Frauen zu Randgruppen in einem Absatz, ich argumentiere nicht ganz sauber, aber das hier ist auch kein Philosophieseminar, und ich glaube, der Punkt ist klar.)

Wer unterdrückt hier eigentlich? Der durchschnittliche deutsche Mann? Der verzweifelt wahlweise am Jugend- oder Fitnesswahn leidet, unter dem allmächtigen Bild, das die Medien entwerfen. Er ist möglicherweise geschieden und fühlt sich benachteiligt durch die Regelung der Unterhaltszahlungen. Er hat vielleicht einen Chef, der ihn ausbeutet. Er ist Alkoholiker, wurde als Kind geschlagen oder misshandelt. In dieser geldorientierten Welt ist er vielleicht spielsüchtig geworden, oder er fühlt sich als Raucher diskriminiert, muss als Politiker dem Wähler nach dem Mund reden, und als Manager weiß er um seine Austauschbarkeit, die ihn jeglichen menschlichen Wertes beraubt.

Alle fühlen sich aus dem einen oder anderen Grund diskriminiert, unterdrückt und machtlos. Zumindest nahezu alle. Aber wer bleibt dann übrig, und sind diese wenigen dann diejenigen, die die anderen unterdrücken? Oder sind wir so doof, uns das gegenseitig anzutun?

Deutsch lernen

José Olivers Mutter wurde mal gefragt, welche Zeit in Deutschland sie als schwerer empfinde. Die Anfangszeit in den Sechzigerjahren, als sie mit ihrer Familie aus Andalusien in den Schwarzwald kam: kleine Kinder, keine Waschmaschine, kein Wort Deutsch, man kennt niemanden, lauter neue Eindrücke, eine fremde Kultur. Oder die Gegenwart: Sie kann jetzt die Sprache, die Kinder sind erwachsen, einer der Söhne ist ein anerkannter Lyriker, alle Annehmlichkeiten eines Lebens in Mitteleuropa stehen ihr offen.

- Früher war es leichter, sagte sie.

- Warum war es früher leichter?, wollte der erstaunte Fragende wissen.

- Wissen Sie, sagte die alte Dame, früher habe ich nicht verstanden, was die Leute so gesagt haben.

Stierkampf

Wenn in Sevilla in einer Mittagshitze, die heißer ist als die Türangeln der Hölle, ein kleiner alter Mann, der nach Schnaps und Zigarren riecht, vor der Stierkampfarena an dich herantritt und dir Karten für die Kämpfe des Abends anbietet, was würdest du tun?

Ich weiß, dass es Gründe für und gegen den Stierkampf gibt, die meisten sind mir auch bekannt, aber ich habe keine Ahnung, wem ich recht geben soll, wenn überhaupt. Das ist die Gelegenheit, um sich selbst ein Bild zu machen, habe ich gedacht, zwanzig Euro für einen Platz relativ weit vorn.

Abends saß ich in einer nicht mal halb gefüllten Arena, Spanier, Touristen, Spanier mit Touristen, Spanier mit Kindern jeglichen Alters um mich herum.

Und dann wird da ein Tier gequält, das will ich nicht abstreiten, aber viele Menschen, die das als unzumutbar empfinden, essen Hühner, die auf Zuchtfarmen gequält werden und vor dem Tod nicht mal etwas haben, das man Leben nennen könnte. Da wird ein Tier gequält, ja, und als kleiner Yogi sollte ich das schrecklich finden, aber wenn ich ehrlich bin, hat es mich nicht sonderlich berührt.

Was mich gestört hat, war eine gewisse Geistesarmut. Es ist albern, als Mensch seinen Mut, seine Ehre, seinen Stolz im Kampf mit einem Tier zu beweisen, das zweifelsohne lebensgefährlich, einem aber an Intelligenz unterlegen ist.

Es ist ja ein weitverbreiteter Irrglaube, der Stier würde auf das rote Tuch – die Muleta – reagieren. Rinder können alle kein Rot sehen, sie sind blind für diese Farbe. Der Stier reagiert auf die Bewegungen, und er kann einfach nicht verstehen, dass das Tuch vom Matador bewegt wird. Könnte er das, würde er den Matador angreifen und nicht an der Muleta verzweifeln.

Es ist albern, sich auf Kosten eines Dümmeren zu profilieren, genauso wie es albern ist, zum Armdrücken mit einem Achtjährigen anzutreten.

Es gab insgesamt sechs Kämpfe, und je länger ich zusah, desto mehr nahm mich das Geschehen doch gefangen. Der Matador muss voll dabei sein, jeden Moment, wach, aufmerksam, der Einsatz ist immerhin sein Leben, trotz seiner intellektuellen Überlegenheit. So etwas sieht man nicht oft, und es hat etwas ungemein Faszinierendes.

Und gleichzeitig kommt es mir dumm vor. Für mich als Laien wirkt es so, als könnte man den Stier mit einiger Übung auch routiniert töten, aber der Matador will seinen Wagemut beweisen und geht unnötige Risiken ein, um die Größe seiner Eier zur Schau zu stellen.

Am Ende ist es wie so oft, ich habe keine Ahnung, wie ich es finden soll. Vielleicht sollte ich mir als Nächstes mal ein paar Matadorinnen anschauen.

Titten glotzen

Es ist voll auf der Liegewiese dieses Madrider Freibads, aber nicht ganz so voll, dass man sich so nah zu mir legen müsste. Zwei Frauen platzieren ihre Handtücher so, dass ich nur von meinem Buch hochzuschauen brauche, um die dunklen Rillen in der aufgerauten Ferse der einen einzeln zählen zu können. Diese Stelle, die man den ganzen Sommer über nicht richtig sauber kriegt, wenn man viel in Flipflops oder barfuß herumläuft.

Die beiden unterhalten sich laut und ausgiebig in einer slawischen Sprache, und ich setze mich auf und betrachte sie kurz. Beide sind gebräunt, tragen Sonnenbrillen, die nicht so richtig in ein Schwimmbad passen, sondern eher zu schicken Kleidchen. Der Bikini der Dünneren ist orangefarben, die andere ist auch noch als schlank zu bezeichnen und hat einen grünen an. Ich versuche, im Sitzen weiterzulesen, während die beiden weiterreden. Es ist immerhin eine fremde Sprache, ich kann das wegschalten, ich muss da nicht zwanghaft zuhören.

Nach über einer Stunde zieht die in dem grünen Bikini ihr Oberteil aus. Zum Vorschein kommen zwei gebräunte Brüste, die in meinen Augen kaum einen Reiz haben. Aber ich gucke trotzdem etwas zu lange drauf. Sie merkt es und ist sofort angepisst: Interesting, isn't it?, keift sie mich an.

Natürlich bin ich unangenehm berührt, versuche mir das aber nicht anmerken zu lassen, schaue ihr ins Gesicht, deute ein geringschätziges Lächeln an – hoffe ich zumindest – und sehe dann weg.

Eigentlich eine falsche Reaktion. Zuerst legst du dich mit deinen Füßen in meine Nase und redest die ganze Zeit in einer unnötigen Lautstärke, aber vergessen wir das. Über eine Stunde lang hast du dein Bikinioberteil an und auf einmal, ohne erkennbaren Grund, ziehst du es einfach aus, wie du es offensichtlich schon oft getan hast. Und dann fährst du mich so an. Na klar ist das *interesting*, einfach, weil ich es nicht verstehe. Kein Grund, sich was auf die Brüste einzubilden und dem Wahn zu verfallen, ich würde mich an deren Anblick aufgeilen.

Aber erklär das mal.

In der Badewanne bei Kerzenschein und Himbeerduft

Es saßen lauter Leute zusammen, die hauptberuflich etwas mit Literatur zu tun haben, und irgendwie kam das Gespräch auf *Ulysses* von James Joyce. Ich habe nicht zugegeben, dass ich mich bloß mal dreißig Minuten damit beschäftigt und es dann entnervt weggelegt habe.

- Das konnte ich nicht lesen, habe ich einfach gesagt. Und es sieht mir auch nicht nach einem Buch aus, das irgendjemand sonst mit großem Vergnügen lesen kann.

- Ja, sagte einer daraufhin, das muss man auch im Original lesen. Auf Deutsch entfaltet das nicht seine Wirkung.

Eine andere meinte, man müsse das Buch laut lesen, dann würde man viel schneller einen Zugang dazu finden.

Ein Dritter mit Rotweinflecken auf dem Hemd sagte, er würde es immer wie Musik lesen, nicht wie Worte.

Eine Vierte, deren wilde Frisur nicht so recht zu ihrem Blick passen wollte, merkte an, es sei doch nicht schlimm, wenn man zwischendurch mal aussteige, man würde ja auch wieder reinfinden.

Der Nächste wiederum, ein Mann, der früher mal Musiker gewesen war, erzählte stolz, er lese das Buch jedes Jahr ein Mal, und langsam beginne er, es zu begreifen.

Die mögen alle recht haben. Aber ich habe keine Zeit für Bücher, die nur unter bestimmten Umständen zu lesen und zu genießen sind. Man mag mich für einen primitiven Gesellen halten, aber was beim Zugfahren nicht funktioniert, ist einfach nichts für mich. Weg damit.

Verloren in käuflichen Augen

Ich betrachte gerne erotische Zeichnungen, lese eindeutige Geschichten, schaue Pornos, aber ich habe noch nie einen Menschen dafür bezahlt, Sex mit mir zu haben. Damit wir das gleich im ersten Satz geklärt haben.

Dass ich hier in Madrid öfter durch Straßen gehe, in denen Frauen sich prostituieren, hat nur am Rande damit zu tun, dass das eine leise Faszination auf mich ausübt. Vielmehr ist so, dass diese Straßen ganz normale Einkaufsstraßen mitten im Zentrum sind.

Da viele Frauen sexy angezogen sind und die eine oder andere sich einfach nur unglücklicherweise vor dem McDonald's verabredet hat, kann man nicht immer sofort ausmachen, wer da steht, um Geld zu verdienen, und wer auf andere Gesellschaft wartet.

Eines Abends fiel mir eine junge Frau auf, weil ich sie attraktiv fand. Ich wusste nicht, auf wen sie wartete. Sie sah nicht aus wie eine Nutte in ihren tief hängenden Skaterhosen und ihrem Kapuzenpulli.

Als ich dieselbe Straße wieder zurückging, hat sie mich angesehen. Sie hat mich mit ihren dunklen, schönen Augen angesehen, sodass kein Zweifel mehr bestand, was sie von mir wollte. Aber gleichzeitig war dieser Blick so offen, so rein, so klar, wie du ihn fast nie auf der Straße bekommst.

Sie hat mich in ihre Augen hineingelassen, hat eine Tiefe gezeigt, wie ich sie selten finde. Oft nicht einmal bei diesen raren Menschen, denen vor gelassener Heiterkeit die Liebe aus den Augen quillt. Es gibt diese Momente, in denen du hängen bleibst im Inneren eines anderen. Ganz kurz nur.

Dann habe ich weggeschaut, weil wir ja nicht dasselbe wollten. Oder vielleicht ja doch. Ein Blick, an den man sich Jahre später noch erinnert. In meinem Gedächtnis sind ganze zehn oder zwölf davon.

Jeden Abend gehe ich die Straße entlang, manchmal mit Geld in der Tasche, manchmal ohne. Ich weiß nicht, was ich will. Ich kann diesen Blick nicht vergessen. Seit Wochen gehe ich jeden Abend die Straße entlang, zu verschiedenen Zeiten, aber sie ist nicht mehr da.

Wie viel Zeit wird wohl vergehen, bis ich wieder jemandem auf den Grund schauen kann?

Von Frauen lernen

Manchmal rätsle ich, was in anderen Menschen vorgeht, und wenn das nicht schwierig genug ist, versuche ich zu begreifen, wie das Leben als Frau wohl ist. Und weil ich allein nicht weiterkomme, frage ich nach.

In einer vollen Tapasbar hatte sich ein fremdes Pärchen zu Bernd und mir an den Tisch gesetzt, und ich konnte meine Blicke nicht von der Frau abwenden. Es könnte Bernd kränken, dass ich unserem Gespräch nicht richtig folgte, es könnte den Mann reizen, dass ich so seine Frau anstarrte, es könnte der Frau unangenehm sein, das war mir bewusst. Aber sie war so wahnsinnig attraktiv. Eine der schönsten Frauen des Jahres.

Ich könnte es einfach sagen, dachte ich. Ich sage: Entschuldige, dass ich dich so anstarre, aber du siehst so verdammt gut aus, das sieht man nicht alle Tage.

Weil ich schüchtern bin und weil ich nicht wusste, wie sie reagieren würde, hielt ich meinen Mund und sah zu, wie sie noch eine Olive in ihren Mund schob. Und beherrschte dann meine Augen.

Zu Hause erzählte ich meiner Freundin die Geschichte und fragte sie, wie sie denn reagieren würde, wenn ein fremder Mann ihr einfach so sagte, wie gut sie aussehe.

- Kommt drauf an, antwortete sie.

- Worauf?, wollte ich wissen.

- Auf den Mann, meinte sie. Was für ein Typ er ist, wie er es sagt, ob er dumm wirkt oder charmant ist. Das kann ich so allgemein nicht sagen.

Gut, dass du den Mund gehalten hast, dachte ich. Vielleicht hätte sie dich dumm gefunden oder aufdringlich, es steht ja nirgendwo geschrieben, dass man sich über jedes Kompliment freuen muss.

Ein halbes Jahr später kam meine Freundin strahlend nach Hause.

- Was ist passiert?, fragte ich.

- Da draußen an der Ecke stand so ein Typ, antwortete sie, der hat mir in die Augen geguckt und gesagt: Wow, was für schöne Augen, der Tag ist gerettet!

Sie strahlte.

- Was war das für ein Typ?, fragte ich nun. Der Glanz in ihrem Gesicht verblasste ein wenig.

- Ach, sagte sie, der Typ war ein Vollidiot, aber es war trotzdem schön.

Wie kann ich weiß sein?

Wenn ich hier schriebe, dass Florian Illies und Juli Zeh für meinen Geschmack viel zu oft von *meiner Generation* sprechen, ohne dass ich mich oder einen meiner ehemaligen Schulfreunde darin erkennen kann, würde einer von beiden es merken?

Wenn ich hier schriebe, dass ich es nicht mehr hören kann, wenn irgendjemand mein *Sattelbuch* mit *Soloalbum* von Stuckrad-Barre vergleicht, weil ich erstens nie ein Geschmacksdiktator war und zweitens den Kram Jahre vor ihm geschrieben habe, würde das etwas ändern?

Wenn ich hier schriebe, dass Redakteure von Zeitungen mich anrufen, wenn es um Ausländer, Moslems, Rassismus und Integration geht, aber mein Name niemand in den Sinn kommt bei der Wortkombination *deutsche Literatur*, würde dann jemand sagen können: Selber schuld?

Wenn ich hier schriebe, wie oft ich auch dort nur zweite Wahl bin und nur gefragt werde, weil Feridun Zaimoglu gerade nicht konnte, hätte dann jemand Mitleid?

Wenn ich hier schriebe, dass Bas Böttchers Roman damit beworben wurde, dass er als Erster den Rap in den deutschen Roman gebracht hat, aber ich das schon ein Jahr vorher getan hatte, würde das irgendetwas ändern?

Wenn ich hier schriebe, dass mir die allermeisten deutschen Schreiber am Arsch vorbeigehen, weil ich das Gefühl nicht loswerde, dass sie nichts zu erzählen haben, wäre das dann bloßes Macho- und Egogehabe?

Wenn ich hier schriebe, dass ich trotzdem vom Neid gepackt werde, wenn ich diese armseligen, herzlosen Idioten sehe, die nicht die Hälfte von dem können, was ich kann, aber zehnmal so gut verdienen, litte ich dann unter gnadenloser Selbstüberschätzung?

Wenn ich hier schriebe, dass niemandem einfällt, dass ich auch ein Buch zum Thema habe, während Zaimoglu und Özdamar sich darüber streiten, wer denn die wahre Migrantenbiografie geschrieben hat, wäre ich dann übermäßig empfindlich?

Wenn ich hier schriebe, dass der Text zu *Wäre er echt* von Kettcar erwiesenermaßen von mir abgekupfert ist, aber die meisten glauben, ich hätte abgeschrieben, müsste ich dann eine öffentliche Beweisführung verlangen?

Wenn ich hier all das schriebe, könntet ihr dann sehen, wie es mir von Zeit zu Zeit geht?

Es ist, wie Eminem sagt: *How the fuck can I be white – I don't even exist.*

Manchmal hasse ich alles an diesem Job – außer sitzen und schreiben.*

**Es stellt sich natürlich die Frage, warum jemand, der anscheinend nichts auf die Meinung gewisser Leute gibt, gekränkt sein sollte, wenn genau diese Leute ihn ignorieren. Es stellt sich natürlich die Frage, ob ich derlei Gefühle wirklich brauche und woher sie rühren. Es stellt sich die Frage, warum man beleidigt sein sollte, wenn man feststellt, dass die Welt nicht zu eigenen Gunsten ungerecht ist, wenn man feststellt, dass man nicht Mainstream ist, obwohl man das ja auch nie sein wollte. Antworten finde ich immer wieder neue, aber keine lässt mich gut aussehen.*

Doch um das an dieser Stelle hier noch mal klarzustellen: Ich hocke nicht auf dem Kram herum und beanspruche Eigentumsrechte, es kann jeder samplen, was er möchte. Das mache ich schließlich auch. Ärgerlich ist nur, wenn einem an den falschen Stellen vorgeworfen wird, abgekupfert zu haben.

Liebeslieder

Die Bösen werden nicht siegen, die Gier wird sie ins Verderben stürzen. Wir sind Diener des einen Herrn, die sich von seinem Licht leiten lassen und ein rechtschaffenes Leben führen wollen. Wir beten um Schutz und Geleit und vertrauen. Wir vertrauen darauf, dass der Herr für uns sorgen wird, solange wir uns seiner Obhut anheimgeben. Während die anderen mit Waffen, Geld, Neid, Zorn und Frust hantieren und nie Frieden finden.

Es gibt Zeiten, in denen bin ich empfänglich für derlei Botschaften in Reggaesongs. Du kannst auch gerne *Phrasen* dazu sagen.

Dann und wann sind mir diese Lieder eine Wand, an die ich mich lehnen kann. Ich blicke auf zu den Sängern, die anscheinend das leben, was sie da zu Klang werden lassen.

Und genauso beeindruckt bin ich manchmal von den Liebesliedern, die sie singen. Seine Frau Königin nennen, sie ehren, ihre Liebe preisen, die einem ein Licht im Dunkel ist, und um die umfassende Kraft des Weiblichen wissen. Bei so viel Gefühl komme ich mir schon mal vor wie ein Schmalspurliebhaber, der Hingabe nur vortäuscht. Was mich nicht unbedingt stört, ich habe gerne etwas, wo ich hinstreben kann.

Aber das geht den Sängern möglicherweise auch so. Einen habe ich kennengelernt. Und die Probleme mitbekommen, die er mit seiner Frau hatte, der er so wunderbare Stücke gewidmet hat. Oder man liest Rita Marleys Biografie und fragt sich, wie ein Mann, der solche Stücke geschrieben hat wie er, seine Frau so behandeln kann. Diese

Erkenntnis ist wohl auch ein Allgemeinplatz: Es ist leichter, Liebeslieder zu schreiben, als eine Beziehung zu führen.

Und ich glaube, es ist verdammt schwer, Liebeslieder zu schreiben.

Zwischen zwei Sommern

Manchmal sitzt du zu Hause, und nicht nur dein Zimmer, sondern die ganze Welt erscheint so dunkel, dass du genauso gut ein Astronaut sein könntest. Vielleicht wundert sich eine Stimme, die aus den Boxen klingt: Wie können sie nur glauben, sie wüssten, wie ich mich fühle, wenn sie sie sind und der Einzige weit und breit, der ich ist, bin ich.

Du weißt nicht mehr, wie es ist, von befriedigter Lust gelähmt im nachlassenden Gestank des Sommers vor Schweiß und Gesundheit glänzend dazuliegen.

Aber du weißt: Wenn alles, was wie Liebe aussieht, wirklich Liebe wäre, dann lebten wir in einer anderen Welt. Selbst den trüben Tagen würden Sonnenstrahlen folgen.

Du weißt, dass du immer versucht hast, dir eine Wundsalbe und einen Verband zu schreiben. Du weißt, dass früher der Schmerz größer war, aber die Verletzungen heute tiefer gehen. Viel tiefer. Aber du weißt nicht, wie du das irgendjemandem erklären kannst.

Wenn du jetzt solche Dinge schreibst, werden die Leute möglicherweise glauben, es ginge dir schlecht im Moment. Und selbst wenn dem so wäre – was würde es ändern, dass es irgendjemand erfährt? Und gleichzeitig weißt du, dass man es auch als gutes Omen sehen kann, wenn der erste Text des Jahres geschrieben ist ohne Rücksicht auf irgendetwas.

Alles, worum ich bitte, ist die Chance, zu schreiben, und um einen Freund oder zwei, damit meine Ratlosigkeit aufhört. Bring mir Frieden. Mach einen wertvollen Menschen aus mir. Gott, gib, dass die Tasten klappern beim Schreiben. Sei gut zu mir, denn ich bin einsam.

Woran ich die Leute erkenne

Seltsamerweise kann ich mir Namen besser merken als Gesichter. Was mich manchmal in die Situation bringt, dass ich Menschen, die auf mich zukommen, zwar nicht erkenne, wenn ich aber begreife, woher wir bekannt sind, fallen mir auch die Namen ein.

Als Dennis Rodman anfing, an einem College im Mittleren Westen zu spielen, war er zwanzig und freundete sich mit einem elfjährigen Jungen an, der irgendwann seinen Eltern erzählte, er würde zum Abendessen einen Freund mitbringen. Während die Eltern nun einen Weißen im Alter ihres Sohnes erwarteten, kam dieser hünenhafte Schwarze.

Doch nach dem Essen war Dennis in die Familie aufgenommen.

Ich finde die Geschichte schön und wollte sie einer Frau erzählen, mit der ich aus war. Dennis Rodman?, fragte sie. Basketballspieler, Anfang, Mitte der Neunziger, Chicago Bulls, bunte Haare, hat mit Michael Jordan gespielt, versuchte ich ihr auf die Sprünge zu helfen.

Sie ist etwa in meinem Alter, hatte aber keine Ahnung, wer dieser Rodman sein sollte. Ich war verwundert. Dass man als jemand, der sich nicht für Basketball interessiert, Scottie Pippen nicht kennt, Shaquille O'Neal, Allen Iverson oder Reggie Miller, finde ich nachvollziehbar. Aber Dennis „the menace“ Rodman? Dennis „Ich war mit Madonna zusammen, halte meine Fresse in jede Kamera und war auch bei Harald Schmidt“ Rodman. „Von *Bravo* und *Bild* bis hin zu *Playboy* und *Spiegel* hast du mich überall gesehen“-Rodman?

Aber gut, jeder nimmt einen anderen Teil der Welt wahr.

Wie es die Launen der Götter an diesem Abend wollten, kamen wir kurz darauf an einem Plakat vorbei, das für Sport warb und auf dem auch Dennis Rodman zu sehen war. Der eine oder andere mag es kennen, dieses Bild, auf dem man ihn nackt von hinten sieht, die Arme parallel zum Boden, in beiden Händen Basketbälle. Es ist auch auf dem Rückcover der deutschen Ausgabe seines Buches *Bad as I wanna be.*

- Das ist er ja, sagte ich und zeigte auf das Bild, das da ist Dennis Rodman.

Sie sah mich ganz erstaunt an:

- Wieso erkennst du Dennis Rodman nackt von hinten?

Vielleicht hängt alles so zusammen

Zehn Jahre war ich schon aus der Schule, als ich anfing, von meiner Mitschülerin Natalie Pullmann zu träumen. Nicht jede Nacht, aber über Wochen hinweg sehr häufig. Mal traf ich sie auf einer Party, mal waren wir gemeinsam aus, mal telefonierten wir, mal verliefen wir uns in einem Kaufhaus. Ich begehrte sie nicht, wir hatten keine Auseinandersetzungen, ich hatte keine wiederkehrenden Gefühle. Ich konnte diese Träume einfach nicht deuten. Es hörte nicht auf, wochenlang besuchte Natalie mich in der Kunst der Nacht.

Wir hatten uns zu Schulzeiten ganz gut verstanden, aber nicht gut genug, um jetzt noch Kontakt zu haben. Nach fast zwei Monaten entschied ich, dass ich etwas tun musste. Ich rief Natalies alte Nummer an und ließ mir von ihrem Vater die neue geben.

Sie war erstaunt. Wäre ich wohl auch gewesen. Ich sagte ziemlich bald, dass ich eigentlich nur angerufen hatte, weil sie in letzter Zeit die Hauptrollen in meinen Träumen bekam. Wir plänkelten ein wenig, eine halbe Stunde vielleicht, über dieses und jenes, man kennt das.

Gegen Ende des Gesprächs wollte sie wissen, warum ich denn nun angerufen habe. Ich wiederholte die Wahrheit, aber sie klang wohl so unwahrscheinlich, dass sie sie nicht glauben wollte. Also fragte ich sie, ob sie mir 5000 Mark leihen könne. Auch das glaubte sie mir nicht oder tat wenigstens so.

Danach habe ich nie wieder von ihr geträumt.

Manchmal denke ich, vielleicht hängen viele Dinge so

zusammen. Irgendjemand träumt irgendetwas und tut dann etwas, das weder er noch wir verstehen. Das nennen wir dann Leben und versuchen, ihm einen Sinn unterzujubeln. Dabei ist es meistens einfach nur schön.

Mehr als Hoffnung

In den letzten Jahren habe ich viele Menschen kennengelernt, die etwas erschaffen wollten, das sich irgendwie als Kultur verkaufen lassen könnte; Bücher, Platten, Filme, Theaterstücke. Ein Grund, sich für so einen Weg zu entscheiden, ist sicherlich Eitelkeit, ein weiterer ein gesteigertes Verlangen nach Aufmerksamkeit, ein Mitteilungsbedürfnis und der Wunsch nach Veränderung. Aber das zusammengenommen ist wenig. Fast nichts.

Bei vielen von diesen Leuten habe ich zwar verstanden, warum sie schreiben, singen, filmen, rappen wollten, aber ich konnte nicht sehen, dass sie brennen. Dass die Kultur für sie nicht nur ein Mittel ist, um etwas anderes zu bekommen: Ruhm, Geld, Aufmerksamkeit, Sex, ein größeres Ego, ein leichteres Leben.

Und dennoch habe ich mich nie auf meinen Eindruck verlassen. Ich glaube, mir sieht man das auch nicht an. Oder möglicherweise brenne ich selbst auch nicht – wer weiß?

Ich habe einen entfernten Bekannten, dem ein Label gehört. So kam es, dass ein Musiker auf meiner Couch saß, den ich vorher nicht persönlich kannte. Der Kontakt kam über Ecken zustande, und der Musiker wollte, dass ich seine Demo-CD meinem Bekannten schicke.

Wir saßen da, unterhielten uns, und ich begann, ihn zu mögen, weil er in meinen Augen brannte. Lichterloh.

Er sagte:

- Der Typ, dem das Tonstudio gehört, meinte, er hätte so etwas noch nie gesehen. Ich bin die ganze Zeit voll da, ich bin auf Adrenalin, und ich kann eine Stecknadel auf einen Wattebausch fallen hören. Nicht weil ich angeben will oder hysterisch bin, oder weil ich so toll wäre, nein, sondern weil es mir verdammt noch mal ernst ist.

Ich fragte ihn, bei welchen Labels das Demo noch liege, und er erwähnte in einem Nebensatz, dass er eh nicht an eine Veröffentlichung glaube.

Bitte? So ein Feuer, so eine Liebe, so ein Drang und dann kein Glaube?

- Weißt du, sagte er, ich habe mir so viele Hoffnungen gemacht in meinem Leben, und es hat zu nichts geführt. Hoffnung bedeutet nichts. Es ist ja nicht die Hoffnung, die mich in den Probenraum treibt, es ist ja nicht die Hoffnung, die mich ins Studio bringt, es ist nicht die Hoffnung, die mich auf die Bühne drängt. Es ist die Musik.

Es ist leicht, so zu reden, wenn du zwanzig bist. Es ist erheblich schwerer, wenn du vierzig bist und deine Miete kaum zahlen kannst.

Und gleichzeitig hat er keine Wahl, glaube ich. Eine Alternative gibt es nicht. Das meine ich mit brennen.

Wenn man nicht mehr wagt, zu hoffen, aber etwas besitzt, das mehr wert ist als Hoffnung, dann müssen es vielleicht die anderen für einen tun.

Ich hoffe. Ich hoffe, dass Amri Pardo einen Plattenvertrag bekommt.

Experten meines Lebens

Mein Hausarzt fragte bei der Routineuntersuchung, ob ich mich regelmäßig bewege.

- Ja, sagte ich.

- Was machen Sie denn?

- Yoga.

- Das würde ich nicht gelten lassen, das ist ja eine sehr passive Art der Bewegung.

Klar hätte ich ihm etwas vom Ashtanga-Vinyasa-System erzählen können und wie ich vier Tage die Woche schwitze, dass meine Fingerkuppen schon schrumpelig werden. Aber wie sagte Iggy Pop? *In normal life I bottle things up and smile.*

Eine Freund meint, dass ich vor lauter Yoga schon ganz engstirnig sei und eines nicht fernen Tages an Überanstrengung sterben werde.

Mein Vater erzählt mir immer wieder, ich solle nicht so stur sein und einsehen, dass die Welt nicht so funktioniert, wie ich mir das in meinem Kinderglauben wünsche. Ich solle endlich mal anfangen, Kontakte zu Kulturmenschen zu knüpfen, nur um der Kontakte willen. Die nämlich würden mich eines Tages weiterbringen. Und nicht meine Verweigerungshaltung.

Meine Mutter weiß, dass ich zu wenig esse und mich zu viel herumtreibe.

Etwas größere Portionen, deutlich mehr Obst und mehr Zeit am Schreibtisch würden meine Produktivität steigern.

Eine Freundin meint, dass da sehr viel angestaute Wut in mir sei, so erfolgreich unterdrückt, dass es mir gar nicht mehr möglich wäre, sie wahrzunehmen. Die Geschichte mit dem Arzt sei ein gutes Beispiel für meine unterdrückten Emotionen und die Unfähigkeit, den Mund aufzukriegen. Und wenn ich nicht anfinge, diese Wut rauszulassen, dann würde sich das eines Tages rächen.

Einer meint, meine Trägheit würde in erster Linie vom Schokoladenkonsum herrühren, ein anderer weiß, ohne eine Zeile gelesen zu haben, warum ich mein Manuskript nicht verkauft kriege. Wieder ein anderer glaubt, dass ich meine Schüchternheit öfter überwinden müsse, und der Nächste prophezeit, dass ich es nicht weit bringen werde, wenn ich nicht langsam mal erwachsen würde. Ein weiterer weiß, dass ich mal Vertrauen und Offenheit lernen müsse, ich würde ja immer alles ablehnen, was andere sagen.

Dass zumindest er recht haben könnte, sieht man hier. Aber darum geht es nicht.

Ich habe nie bestritten, Charakterdefekte zu haben, möglicherweise schwerwiegende, aber ich begreife nicht genau, wann all diese Leute zu Experten meines Lebens geworden sind. Und zu Experten des Lebens überhaupt, die genau wissen, wo der Wind langläuft.

Ich hingegen habe ja keine Ahnung, von nichts. Dennoch bin ich all diesen Leuten verbunden, weil sie sich auf die eine oder andere Art um mich kümmern. Aber es wundert mich, dass die meisten anscheinend nicht die geringste Ahnung haben, wie gut es mir geht.

Stimmen im Kopf

An manche Dinge kann man sich noch erinnern, aber man versteht sie längst nicht mehr. Vielleicht hat man sie auch nie verstanden.

Meine Lieblingskindergärtnerin änderte, bald nachdem ich eingegärtnert wurde, ihren Nachnamen, und kurz darauf hörte sie ganz auf zu arbeiten. Sie war aber noch da, als ich eines Tages ganz in Blau angezogen ankam. Ich kann nicht viel älter als drei Jahre gewesen sein, allerhöchstens vier. Ich weiß nicht mehr genau, was ich getragen habe, nur dass alles blau war und sie eine Bemerkung darüber machte, wie gut das aussah.

Ich kann mich an den Wortlaut auch nicht erinnern, aber ich dachte so etwas wie: Die Schuhe sind neu, die hat mir meine Tante geschenkt.

Es kann auch irgendetwas anderes gewesen sein, aber es hatte mit meiner Kleidung zu tun, und zuerst dachte ich den Satz. In aller Ruhe. Als ich ihn zu Ende gedacht hatte, machte ich den Mund auf und sagte ihn laut.

Woran ich mich heute noch genau erinnere, war, dass ich erstaunt darüber war, den Satz vorher genauso gedacht zu haben, wie ich ihn dann sagte. Vielleicht denken Kinder kaum darüber nach, was sie sagen. Vielleicht hatte ich es auch schon oft getan, aber es fiel mir an diesem Tag zum ersten Mal auf.

Ich hatte das Gefühl, als sei gerade etwas Großes und Wichtiges passiert. Als hätte ich eine Entdeckung gemacht. Chuck Palahniuk schreibt in einem Buch: *Als ich mir das erste Mal einen runtergeholt habe, dachte ich, ich hätte das er-*

funden. Ich habe mir diese feuchte Handvoll Schleim angesehen und gedacht: Das wird mich eines Tages reich machen.

So kam ich mir vor. Ich war noch nicht verdorben durch Geld und Sex, aber es war, als könnte die ganze Welt mit dieser Entdeckung ihre Richtung ändern.

Ich überlegte mir, ob ich vielleicht öfter die Sätze denken sollte, bevor ich sie sagte. Ob ich dann überlegener wäre. Weil ich dann schon genau wüsste, was kommt, aber die anderen noch nicht.

So erkläre ich das heute alles. Damals mögen meine Gedanken andere gewesen sein. Alles, was ich mit Sicherheit weiß, ist, dass ich bass erstaunt war über diese Verzögerung zwischen Kopf und Mund. Eine Entdeckung, so elementar wie die Einsicht, dass Mädchen keine Jungs sind.

Manchmal habe ich den Eindruck, damals war es das erste Mal, dass ich meinen Verstand zwischen mich und die Welt schaltete. Ich möchte nicht wieder Kind sein, aber ich glaube, seitdem ist es immer schlimmer geworden.

Die besten Momente sind immer noch die, in denen das Geplapper im Kopf einfach aufhört.

Was der Toaster wärmt

Im Frühling wendet sich die Fantasie eines jungen Mannes der Liebe zu, heißt es.

Mein Toaster ist kaputtgegangen. An einem Morgen ging er noch, und am nächsten schon nicht mehr. Er hat sich nie Macken erlaubt, ist nicht lange dahingesiecht, hat keine Warnungen verschickt, sondern hat es einfach nicht mehr getan.

Ich bin gleich in den Laden gegangen und stand da vor dieser großen Auswahl an Toastern. Vor einigen Wochen musste ich mir einen neuen Wasserkocher kaufen, also wusste ich so ungefähr, was auf mich zukam.

In der Welt, in der wir leben, tun sie ja so, als wäre alles in bester Ordnung, wenn man nur wählen kann. Wenn man selbst die Entscheidung trifft, in welchem Behältnis das Wasser nun zum Kochen gebracht werden soll – dann hat das System sein Versprechen erfüllt. Du bist frei und selbstbestimmt und übernimmst Verantwortung. Das ist nicht wie früher in der Planwirtschaft, wo es von allem nur eine Sorte gab. Hier stehen knapp fünfzig Wasserkocher. Es steht dir frei, eine Stunde oder gar mehr Zeit zu vergeuden, indem du dich mit ihnen beschäftigst. Dabei erfüllen alle denselben Zweck.

Doch die billigeren Wasserkocher sind meistens ausgesprochen hässlich. Und achtzig Euro kann und will ich nicht für einen schönen Wasserkocher ausgeben. Es ist eigentlich wie immer, du bezahlst die Verpackung.

Und ich stehe da und überlege lange. Sehr lange. Welcher von diesen Wasserkochern, die ich mir noch leisten kann, ist der am wenigsten hässliche? Selbstbestimmung. Eine Stunde diese Regalreihe hoch- und runterlaufen. Als ginge es um etwas.

Und natürlich geht es um etwas, ich muss mir das Ding jeden Tag ansehen.

Bei dem Toaster wollte ich es anders machen. Kauf dir einfach einen teuren, habe ich gedacht, nicht den am wenigsten hässlichen, sondern den billigsten schönen Toaster. Das geht schneller.

Ging es auch. Vielleicht auch deswegen, weil ich keine Lust hatte, mich mit Toastern zu beschäftigen. Nach fünf Minuten stand ich an der Kasse.

Daheim packte ich das Gerät aus. Man kann sich nichts kaufen, nichts, das irgendeinen Wert hätte. Manchmal ist es so, als wäre die Welt absichtlich so kompliziert, so voller Versprechungen und so zugemüllt mit Auswahl, Auswahl, Auswahl. Damit man sich nicht zurechtfindet, damit man ganz verzagt wird, damit man auf nächstes Mal hofft, wo irgendetwas, das man kauft, einen glücklich macht.

Oder zumindest nicht unglücklich. Der Toaster hat Platz für vier Scheiben Brot. Das war mir im Laden nicht aufgefallen, dort habe ich auf andere Dinge geachtet. Ich vermute, das Gerät ist für mindestens zwei Personen gedacht. Jetzt werde ich jeden Morgen daran erinnert, dass ich allein ins Bett gehe, allein schlafe, allein frühstücke.

Im Frühling wendet sich die Fantasie eines jungen Mannes der Liebe zu. Und wenn sie es nicht tut, dann kannst du dir immer noch einen Toaster kaufen, der jeden Morgen deine abgestandene Sehnsucht aufwärmt.

Bittsteller

Tom Liwa hat vor Jahren mal gesagt, dass er seinen Job nicht für Geld macht, und wenn er finanziell abgesichert wäre, würde er seine CDs einfach an alle deutschen, österreichischen und schweizerischen Haushalte verschicken; wer sie nicht haben möchte, könne sie dann einfach wegwerfen. Ich mag die Idee, doch möglicherweise ist die Welt noch nicht bereit für so etwas.

Ein Einzelfahrschein kostet in Madrid einen Euro, eine Zehnerkarte sechs Euro vierzig. Ich war für vier Tage dort, habe mir gleich eine Zehnerkarte gekauft, aber dann war das Wetter so schön, dass ich Lust hatte, viel zu Fuß zu gehen. Als ich an der Metrostation am Flughafen ausstieg, um zurückzufliegen, hatte ich noch vier Fahrten auf der Karte. Also habe ich mich an einen Fahrscheinautomaten gestellt und dem Nächsten, der sich eine Fahrkarte kaufen wollte, meine als Geschenk angeboten.

Er wollte sie nicht. Der Nächste und Übernächste und Überübernächste wollten auch lieber Geld in den Schlitz stecken.

Ehrlich gesagt, ich war geknickt. Sehe ich aus wie jemand, der fiese Tricks draufhat, um Leute über den Tisch zu ziehen? Warum vertraut mir niemand? Was an mir schreckt diese Menschen ab? Andererseits: Klar, du bist gerade in einem fremden Land angekommen, da lässt man sich nicht gleich vom Erstbesten was andrehen.

Ich bin zum Schalter der Fluggesellschaft gegangen, habe mein Gepäck aufgegeben und überlegt, ob ich die

Fahrkarte wegschmeißen soll oder als Souvenir behalten. Beides wollte ich nicht.

Also bin ich noch mal zurückgegangen zur Metrostation, ich wollte es wissen.

Die nächsten fünf Minuten, ich habe auf die Uhr gesehen, war ich damit beschäftigt, Menschen anzusprechen, die mir halbwegs sympathisch erschienen: Junge, Alte, Pärchen, Kleinfamilien, Alleinreisende, Weiße, Schwarze, Gelbe und alles dazwischen. Schon nach neunzig Sekunden hatte ich das Gefühl, ein Bittsteller zu sein. Doch ich wollte nicht aufgeben. Die Karte kostet nichts, und ich kann ja nichts mehr damit anfangen, weil ich zurückfliege.

Schließlich hat ein Paar meine Fahrkarte angenommen, etwas ungläubig, aber die beiden haben sich immerhin bedankt.

In den nächsten Wochen werde ich mal die Leute in der Schlange hinter mir ins Kino einladen oder einem Fremden im Imbiss eine Portion Pommes spendieren. Ich will keinen Dank, ich will nur einigen mir unbekannten Menschen zeigen können, dass so etwas geht. Dass sich nicht alles hier um Geld dreht.

Wie in alten Zeiten

In der Straßenbahn saßen wie immer jede Menge Menschen mit MP3-Playern und mir gegenüber ein Mann, der das kleine Ding in seiner Hand umständlich an der Scheibe hochhielt und grinsend den Klängen in seinem Kopfhörer lauschte. Es dauerte einige Sekunden, bis ich begriff, dass er ein Radio hatte und um den besten Empfang bemüht war. Als wir in einen Tunnel fuhren, ließ er Hand und Mundwinkel sinken.

Ein Radio. In Zeiten von Podcasts. Ich war beeindruckt und fragte mich, welche Sendung oder Musik einem wohl so ein Lächeln ins Gesicht zaubert.

Und danach machte ich mir Gedanken darüber, dass Radiohören ein wenig so ist wie Musikhören früher gewesen sein muss. Bevor es Tonträger gab. Man kann es nicht festhalten. Alles ist nur einen Augenblick lang da.

Thommie Bayer sagte mal, dass MP3-Player Musik wieder zu dem gemacht haben, was sie einmal war: ein sinnliches, nicht greifbares Erlebnis.

Natürlich kann man sich darüber unterhalten, das mit dem Rückgang von Vinyl das Gesamtkunstwerk eines Albums geschmälert worden ist. Oder dass man gewisse CDs einfach im Regal stehen haben muss, dass ein MP3-Download nicht ausreicht.

Man kann darüber reden, als könnte man Musik tatsächlich besitzen. Musik sind nur Wellen, und Wellen kann man nicht besitzen.

Man kann auch über sein Leben reden, als würde es einem selbst gehören und könnte einem nicht wieder genommen werden.

Ich fand es schön. Ein Mann, der zwischen uns sitzt und etwas hört, das wir möglicherweise verlernen werden. Ich hoffe, es wird sie immer geben, diese Menschen, die in der Straßenbahn Radio hören, Postkarten statt E-Mails schreiben, oder gar echte Briefe, Videobänder anschauen statt DVDs, pünktlich sind, statt eine SMS zu schreiben, denen Abkürzungen mit drei Buchstaben wenig sagen und denen Bluetooth scheißegal ist. Menschen, die in ihrer eigenen entschleunigten Welt leben und von dort zu uns hinüberlächeln.

Ein Weg raus

Komm, lass uns durch Wasser gehen, lass uns unsere Spuren verwischen. Sei wie der warme Wind auf meiner Haut, und lass uns diesen Hunger vergessen.

Wie du da so liegst auf der Rückbank, schlafend, kann ich nicht anders, als dich ansehen, auf einem dunklen Rastplatz, mit laufendem Motor, damit du nicht aufwachst. Ich kann nicht anders, als mich in diese Sommersprosse hineinziehen zu lassen an deinem linken Mundwinkel, ich kann nicht anders, als den dunklen Schatten deiner Achselhöhle als ein Versprechen zu sehen, ich kann nicht anders, als dich zu riechen, selbst wenn es ein Foto ist, das ich in den Händen halte.

Komm, wir wollen vergessen, wer was wann warum falsch gemacht hat und welche Narben davon geblieben sind. Vergessen wie einen Film, der nicht beeindruckt und in dem wir sowieso nicht mitspielen.

Komm, lass uns durchs Wasser gehen, dorthin, wo scheue Tiere sich grüßen.

So ähnlich habe ich es hingekritzelt vor ein paar Nächten und das Blatt hinterher in die Zeitschrift getan, die ich als Unterlage auf dem Küchentisch benutzt hatte. Sie schaut auf dieses Blatt, liest, und ich kann sehen, wie eine kleine Welle durch ihren Körper geht.

Dann bemerkt sie erschrocken, dass ich zurück im Raum bin. Sie sieht mich an, eine Mischung aus Verunsicherung, Scham, Angst und Hoffnung. Und in all das hineingewoben eine nur leicht verborgene Frage: Du meinst mich, oder?

Meine Augen beginnen zu glänzen, doch das versteht sie natürlich falsch, und ich schaue schnell zu Boden.

Ich weiß nicht, was ich sagen soll.

Es ist bloß ein Text. Missglückt obendrein.

Ein Text, den ich nur geschrieben habe, um etwas zu tun zu haben. Doch wenn ich ihr das sage, wird sie nicht begreifen wollen, was das bedeutet. Und wenn doch, wird sie wohl gehen. Und ich habe noch weniger zu tun.

Es gibt Zeiten, da baust du Brücken, die im Nichts enden.

Lieblingssongs

Es war nach einer Lesung. Manchmal habe ich das Gefühl, mein ganzes Leben findet nach Lesungen statt. Ich musste den letzten Zug nach Köln kriegen, weil es keine Übernachtung gab, und das Taxi war schon bestellt, als eine Frau sich einen bestimmten Text wünschte.

- Hey, sagte ich, die Lesung ist vorbei, die Bücher sind signiert, eigentlich bin ich fertig, und selbst wenn ich wollte, mein Taxi ist bestellt, ich muss zum Bahnhof.

- Ich bin mit dem Auto hier, wir können dich fahren, sagte eine andere Frau, dann kannst du auf dem Weg lesen.

Mir gefiel die Idee, ich bestellte das Taxi ab, und wir fuhren kurz darauf zu fünft in einem Kleinwagen Richtung Bahnhof, ich schlug mein Buch auf und las die kurze Geschichte über einen Mann, der mehr will, als nur mit jemandem ans Meer fahren. Aber zu wenig will, um es ernst zu meinen. Oder so ähnlich. Vielleicht geht es auch um etwas anderes, woher soll ich das wissen?

Es war schön, gefahren zu werden und zu lesen. Für kurze Zeit verbunden zu sein, wie es während einer Lesung kaum möglich ist.

Die Fahrerin fragte mich am Ende der Geschichte nach meinem Lieblingssong.

- *Fatty Boo* von Faithless höre ich gerade ziemlich oft, sagte ich.

- Nein, sagte sie, deinen Lieblingssong.

- Das neue Richie-Spice-Album lasse ich auch oft laufen.

- Nein, sagte sie.

Und mir dämmerte es:

- Du meinst den einen Song, in dem mein ganzes Leben steckt?

- Ja, genau den.

Sie war Anfang zwanzig, und ich erinnerte mich gut daran.

- Ich glaube, ich bin zu alt für so etwas, sagte ich, es gibt nicht mehr das eine Stück, in dem ich alles wiedererkennen kann.

- Oh, sagte sie, ohne ihre Enttäuschung zu verbergen.

- Ach, sagte ich, das ist gar nicht schlimm.

Sie drehte sich zu mir um:

- Versprochen?

Ich habe mich gut gefühlt, das schmeichelte mir, aber wer bin ich schon, dass ich Versprechungen machen könnte für das Leben fremder Menschen?

Berufsgeheimnisse

Es gibt eine Liveaufnahme von einer Lesung des Dichters Dylan Thomas, auf der er als Einleitung einen Text liest, den ich mir im Laufe der letzten zwanzig Jahre sicherlich zweihundertmal angehört habe.

Zum einen mag ich seinen walisischen Akzent, zum anderen ist der Text persönlich, direkt, lustig und ungewöhnlich melodisch. Außerdem kann man Thomas' Angst heraushören, die Angst vor dem Publikum, dessen Aufmerksamkeit er haben möchte.

Er spricht über Dichter, Gedichte, sich selbst und sein Verständnis von Literatur.

Ich kenne diese knapp zwanzig Minuten nicht auswendig, aber Bruchstücke begleiten mich schon durch mein ganzes Leben als Schreiber. Es gibt immer wieder Situationen, in denen mir Sätze oder fast ganze Passagen einfallen.

Über einen kleinen Umweg habe ich von dieser Frau gehört, die zwei meiner Lesungen besucht und wohl auch einige Worte mit mir gewechselt hat. Nur um hinterher meine Bücher aus dem Regal zu verbannen, weil sie feststellen musste, dass ich arrogant bin und so einfühlsam wie ein Hufschmied, der Zähne zieht. Doch sie hat sich wohl gewundert, wie so jemand in der Lage sein kann, solche Bücher zu schreiben.

Als ich das erfuhr, fiel mir direkt wieder Dylan Thomas ein, der in besagter Einleitung meint: *Es ist nicht ungewöhnlich für Leute, die einen mehr oder weniger lebenden Dichter gesehen haben, sich mit kaum verhohlenem Staunen zu fragen: Wie konnte er nur diese Werke erschaffen?*

Mich wundert, dass sich gewisse Wahrheiten nicht herumsprechen und so eine Art Berufsgeheimnis zu sein scheinen. Es ist ein gängiger Fehler, von dem sichtbaren Teil der Persönlichkeit auf den unsichtbaren zu schließen. Welcher Teil hier nun welcher sein soll, sei dahingestellt.

Ich verstehe mich gut mit einigen Autoren, deren Bücher ich aus verschiedenen Gründen nicht lesen kann oder mag. Und es gibt Autoren, bei denen ich mehr als nur ahne, dass sie unangenehme Zeitgenossen sind oder waren, deren Bücher mich aber begeistern. Hunter S. Thompson wird immer einen Platz in meinem begrenzten Bücherregal haben, unabhängig davon, dass er seine Frau geschlagen hat.

Es gibt ein Gedicht von Julia Vinograd, in dem sie erzählt, wie sie sich im Buchladen die dünnen Gedichtbände ansieht und dann die dicken Biografien. Sie sagt, in den Gedichtbänden stehe das Beste, was der Schreiber gemacht habe, und in den Biografien das Schlechteste: Wie er seine Geliebte betrogen hat, seine Familie ruiniert, der Trunksucht verfallen ist, seine Schulden nicht gezahlt hat.

Einige der Arbeiten des Schreibers resultierten aus seinem Leben, gibt sie zu, aber die meisten habe er geschaffen, trotz seines Lebens, trotz der Umstände, trotz der Probleme. Trotz allem. Sogar trotz der Buchläden.

Ich stimme mit ihr nicht vollkommen überein, aber ich wundere mich, dass dieser Gedanke so wenig verbreitet ist.

Passen die Schuhe

Wir sitzen beide im Schneidersitz auf einer Bank, an einem zu kühlen Sommerabend, und sie sagt ohne jeglichen Zusammenhang: Soll ich dir die Geschichte von meinen Schuhen erzählen? Ich sage nichts ahnend Ja. Wann fängt man eine Geschichte schon mal so an?

Sie erzählt, wie sie beim Schuster war. Wie der Schuster sich die Schuhe angeguckt hat und meinte: Da lässt sich noch was machen, sodass Sie die noch einige Tage tragen können, aber ich würde es Ihnen nicht raten. Die sind eigentlich hinüber.

Wie sie die Schuhe für nur zehn Euro hat schustern lassen.

Wie sie schon vor Längerem in Machu Picchu in Peru war. Wie sie dort oben eine Deutsche kennengelernt hat. Wie die Sohle ihres Wanderschuhs gebrochen ist.

Wie sie die Deutsche kurz darauf wiedergesehen hat. Offensichtlich aufgelöst. Wie sie sie gefragt hat, was los ist. Wie die Frau ihr wortlos den Brief gereicht hat, den sie von der Aufsicht hatte, die dafür zuständig ist, die Besucherzahlen zu kontrollieren.

Wie sie den auf Deutsch verfassten Brief gelesen hat, den eine Mutter an ihre Tochter geschrieben hatte. Wie ihr beim Lesen klar wurde, dass die Tochter Selbstmord begangen hat. Möglicherweise hier.

Wie sehr die Mutter wünschte, dass jemand etwas von ihrer Tochter weitertrug. Dass da Schuhe waren. Ein ähnliches Modell, wie sie es selbst schon mal besessen hatte. In ihrer Größe. Wie sie die Wanderschuhe weggeschmissen und sich diese hier angezogen hat.

Wie kein Name unter dem Brief stand, von dem sie nun eine Kopie besitzt. Wie sie wahrscheinlich nie die ganze Geschichte erfahren wird. Wie sie sich darauf freut, in den frisch geschusterten Schuhen bald drei Wochen durch Algerien zu laufen.

Ich sitze da, schaue auf die Schuhe, die Spannung weicht aus meinem Kiefer, und mein Kinn hängt herunter. Sie trägt etwas Heiliges an den Füßen, das mir zeigt, dass wir in diesem Leben nie das Ruder in der Hand haben. Es passiert eben. Und endet.

Arbeitslos

Wir kennen uns lange und gut genug.

- Du hast einfach vergessen, wie sich das anfühlt, sagt sie.

- Nein, sage ich, ich kann mich sehr gut daran erinnern. Es ist, als würde man aus einem Traum erwachen, die ganze Welt sieht plötzlich anders aus. Als habe man vorher all diese Schönheit einfach verschlafen. Und nicht nur das, man selbst ist auch ganz anders, nicht nur beschwingter, fröhlicher, freundlicher, geiler, zärtlicher. Nein, man ist nicht anders, man ist jemand anders. Wenn ich in dem Zustand jemandem begegne, mit dem ich mein Glück ausnahmsweise nicht teilen möchte, einer Exfreundin zum Beispiel, dann versuche ich, mich zu erinnern, wie ich vorher war und versuche, diese Person zu spielen. Und das ist ganz schön schwierig.

- Und du denkst jetzt, das sind alles nur projizierte Sehnsüchte, Eitelkeiten, sexuelle Anziehung, emotionale Wirrnisse und Illusionen?

- Kann sein. Kann aber auch nicht sein. Es ist egal, was es ist, es spielt einfach keine Rolle. Alles, was ich weiß, ist, dass es nie zu irgendetwas geführt hat. All die Male hat es zu nichts geführt. Bei anderen schon, wenn ich mich so umsehe, aber bei mir nicht. Ich verbringe mein Leben immer noch allein, zwischen Musik und Büchern. Und sonst? Schau mal, wie selten wir uns noch sehen.

- Okay, sagt sie, angenommen, es stimmt, was du sagst, du möchtest dich wirklich nicht verlieben, kannst du mir dann erklären, warum du so vielen Frauen hinterherguckst? Weißt du eigentlich, wie deine Augen dabei aussehen?

Markus fällt mir ein. Als er vor Jahren seine erste längere Beziehung hatte, hat er gesagt: Klar gehe ich noch auf Partys, aber ich weiß nicht mehr, was ich dort soll. Ich habe ja schon eine Frau. Auf diesen Festen fühle ich mich auf einmal arbeitslos.

- Irgendwas muss man ja tun, sage ich.

Sie sieht mich an, nach einer kleinen Weile lächelt sie und nickt. Wir kennen uns lange und gut genug.

Suchen

Meine Cousine feierte Verlobung, und mein Onkel schenkte mir eine Whisky-Cola nach dem anderen ein. Ich war vierzehn. Das Leben wurde sehr leicht, und noch am nächsten Morgen dachte ich: So müsste es sich immer anfühlen. Jahrelang trank ich regelmäßig Alkohol, gegen Ende oft genug auch ohne jeglichen Spaß.

Auf der Rückbank eines Autos, an einer roten Ampel, bekam ich einen überraschenden Kuss und dachte, nichts könnte schöner sein. Ich küsste noch oft, aber es kamen dabei nur drei Küsse heraus, die mit diesem konkurrieren konnten.

Ich saß abends in meinem dunklen Zimmer, verliebte mich in die Farbe des Mondes und wurde ganz ruhig. In den nächsten Tagen sah der Mond aus wie eine langweilige Tätowierung am Nachthimmel, die man in besseren Tagen hat stechen lassen.

Morgens sangen die Vögel, und ich wurde wach davon und musste sofort lächeln. Klar, warum hatte ich nicht vorher darauf geachtet? Die Vögel sangen den ganzen Frühling, aber nie fühlte es sich so gut an wie an diesem Morgen.

Wenn ich die blonden Haare an ihren Lendenwirbeln ansah, dachte ich, ich würde blind werden, so unfassbar schien mir dieser Anblick. Ich wurde ein anderer, wenn ihr T-Shirt hochrutschte. Und bald waren da nur noch Haare.

Ich tanzte zu *Connected*, jahrelang, egal wo es lief. Ich hatte es nicht zu Hause, weil ich wusste, dass es sich dort abnutzen würde. Und eines Tages lief es auf einer schlechten Party, aber ich konnte mich nicht mehr verbinden und stand trüb in der Ecke.

Schönheit und Glück sind einige Momente lang zwei Schwestern, die rücklings auf einer Wiese liegen; die Sonne scheint, und beide lächeln in den Himmel. Die eine hat Sommersprossen, die andere Augen von einem funkelnden Grün.

- Sie sind alle gleich, sagt die Ältere, sie verstehen es einfach nicht.

Die Jüngere weiß sofort, worum es geht.

- Ja, sie begreifen nicht, dass wir überall sein können.

- Nur nicht da, wo man uns sucht.

- Und dann glauben sie, wir würden Verstecken spielen.

- Anstatt einfach aufzuhören zu suchen.

Sie lachen, und man könnte glauben, sie verschwinden. Aber sie nehmen nur wieder eine andere Form an.

Eine Frage

Aus verschiedenen Gründen gehe ich die letzten Jahre immer seltener abends weg. Mein Freund Michel, der weiterhin gerne ausgeht, sagt über sich selbst: Ich bin eigentlich zu alt für das Leben, das ich führe.

Und ich versuche, ein anderes zu führen. Aber nicht zwanghaft. Kann passieren, dass ich ausgehe. Letzte Woche war ich auf zwei Konzerten: Distemper und Kleingeldprinzessin.

Bei Distemper stand ich in diesem abgerockten Punkschuppen. Du tanzt nicht die ganze Zeit, nicht mal die halbe, du siehst dir auch die Leute an. Böse dreinblickende Jungs Anfang zwanzig mit kahl rasierten Schädeln, vor denen ich vor ein paar Jahren noch ganz instinktiv eine Angst hatte, von der ich heute nicht weiß, wohin sie verschwunden ist. Jungs jeglichen Alters, die es toll finden, sich kaputtzufeiern und denen alles egal ist, Hauptsache, es geht noch ein Bier rein und die Lautstärke stimmt. Und die am nächsten Mittag prahlen: Boah, war ich gestern wieder fertig.

Es ist für mich keine Art zu feiern, mehr der Versuch, einem Leben abends etwas Größe abzugewinnen. Und ich glaube, es gibt kaum schöne Gründe für diesen Versuch. Ich möchte mit niemandem hier tauschen. Aber es war eine gute Party.

Bei Kleingeldprinzessin, in einem Laden, in dessen Restaurant man Gurkenschaumsuppe mit geräuchertem Forellenfilet essen kann, waren dann deutlich mehr Frauen als bei Distemper. Und die meisten wirkten harmlos auf mich. Harmlos auf eine langweilige Art. Und getanzt wurde im Publikum so, dass man glauben könnte, weiße Mittelstandskinder können sich nur bewegen wie Weißbrote. Die haben nämlich auch keine Hüften. Menschen mit dem Hang, alles eher richtig zu machen, bei denen feiern nicht kompensieren bedeutet. Und bei mir doch nicht als ein Ausdruck von Freude ankommt.

Wenn ich es mir aussuchen kann, dann habe ich doch lieber betrunkene Prollos als intellektuell angehauchte Bioladenkäufer, deren Blicke nach drei Gläsern Rotwein glänzen.

Klar sind das wieder unzulässige Verallgemeinerungen. Ich versuche nur zu beschreiben, wie es bei mir ankam, nicht wie es ist.

Auf beiden Konzerten hatte ich nicht das Gefühl, unter Menschen zu sein, mit denen ich mich verbinden könnte, mit denen ich mehr teilen könnte als diese paar Stunden. Und nicht mal die richtig, weil ich immer wieder denke: Hier im Raum führt keiner ein Leben, das mich interessiert.

Seit Jahren stelle ich mir die gleiche Frage: Warum fühle ich mich immer so fremd?

Und ich weiß, dass man diese Frage auch umformulieren könnte: Warum bin ich nur so ein arroganter Arsch?

Egal, wie ich mir die Frage stelle, ich finde einfach keine Antwort.

Selbstgespräche

Es ist kein Brot mehr da, ich müsste noch in die Bäckerei. Und meine Mutter anrufen. Ob in der Bäckerei wieder diese Bedienung mit den dunklen Augen ist? Die würde ich ja gerne mal in ihren privaten Klamotten sehen. Was das für wohl für eine ist? Die sieht sich bestimmt jedes Wochenende einen nichtssagenden Film in einem Mulitplex an. Die kann ja auch nichts dafür, dass ich ihre Augen schön finde. Was ist denn das? Ein grünes Handtuch, mitten auf der Straße. Wie kommt das denn dahin? Wer verliert denn Handtücher? Und wie? Fallen die aus der Tasche? Stimmt, hört man ja dann nicht. Ob derjenige wohl zurückfährt, wenn er es zu Hause bemerkt? Eher nicht, schätze ich mal.

Selbstgespräche, wir führen den ganzen Tag Selbstgespräche, die nicht aufhören. Entweder wandern die Gedanken gerade ziellos von diesem zu jenem, und die kaum nachvollziehbaren Assoziationen nehmen einfach kein Ende. Oder man nimmt irgendetwas wahr und benennt die Dinge im Kopf und versucht, sie irgendwo einzuordnen. Aha, das kenne ich von da, das habe ich schon mal hier gesehen, das ist interessant, das habe ich noch nie gehört.

Ein Selbstgespräch, das morgens nach dem Aufwachen anfängt und nur selten unterbrochen wird, bis man wieder einschläft. Das ist wohl bei jedem so. Man denkt nicht nur, wenn man muss, man denkt die ganze Zeit und führt eine Art Zwiegespräch mit sich.

Aber manche reden laut. Und die findet man komisch. In der Schule lässt man sie allein auf dem Schulhof stehen, auf der Arbeit schaut man sie befremdet an und bemitleidet sie möglicherweise heimlich. Man hält sich von ihnen fern, weil man glaubt, jemand müsste ihnen mal ein paar Tassen in den Schrank stellen.

Wir führen alle Selbstgespräche, aber wehe jemand tut es laut, dann ist er gleich ein Kandidat für die Klapse, und wir wissen, dass er fürchterlich einsam sein muss. Während die Gründe für die eigenen Dialoge mit sich selbst natürlich ganz woanders liegen.

Ich jedenfalls bin froh, dass es jetzt diese Headsets gibt und ich ganz in Ruhe laut vor mich hinreden kann und niemand mich seltsam ansieht. Es sei denn, er weiß zufällig, dass ich gar kein Mobiltelefon besitze.

Dazugehören

Auch wenn ich aus Trotz und weil ich es falsch finde dagegen ankämpfe, ich weiß, dass ich mit meinem Namen für zu viele Leute nie unter *deutsche Literatur* laufen werde. Es ist, wie es ist. Ich weiß auch, dass es bei diesem Kampf nicht um einen Sieg geht.

Im Supermarkt habe ich drei Teile in der Hand und gehe auf die Kasse zu, als ich eine junge Frau mit ihrer etwa sechsjährigen Tochter und vollem Einkaufswagen sehe. Also gehe ich einen halben Schritt schneller, um meine Sachen vor ihnen aufs Band zu legen.

Die Kleine sagt auf Türkisch zu ihrer Mutter: Mama, der Mann hat sich vorgedrängelt, oder?

Ich drehe mich zu ihr um und sage, ebenfalls auf Türkisch: Schau mal, ihr habt einen vollen Einkaufswagen, ich nur die drei Teile, und wären wir beide im gleichen Tempo weitergegangen, wären wir gleichzeitig an der Kasse gewesen. Da habe ich mir gedacht, ich gehe ein ganz kleines bisschen schneller, ich bin ja auch schnell fertig. Ich wollte mich nicht vordrängeln.

Die Kleine sieht zu mir hoch, dann dreht sie sich zu ihrer Mutter um und sagt, immer noch auf Türkisch: Mama, ist das auch ein Türke?

Das passiert mir nicht nur mit Kindern, es passiert in Imbissen, Gemüseläden, bei Simitland und im türkischen Supermarkt. Ich rede türkisch mit den Leuten, und oft genug registrieren sie es gar nicht und antworten mir auf Deutsch und wir führen einen zweisprachigen Dialog. Oder sie merken es und fragen mich, ob ich Türke bin, obwohl meine Aussprache nichts anderes nahelegt. Oder sie fragen mich, wo ich Türkisch gelernt habe. Oder loben mich für meine saubere Artikulation.

Als würde ich nicht schon oft genug hören, dass ich gut Deutsch spreche.

Als hätte ich nicht noch eine andere Front, an der ich kämpfe.

Sprache allein reicht in meinem Fall oft nicht, um dazuzugehören. Sprache allein bringt mich selten irgendwohin. Vielleicht sitze ich deswegen so oft zu Hause und versuche, die Worte so zusammenzusetzen, dass ich glaube, dabei könnten Funken entstehen. Vielleicht gebe ich mir solche Mühe, weil ich genau weiß, wie unzulänglich mein Arbeitsmaterial ist.

Irrglaube

Es gibt Menschen, die glauben, dass Kühe nicht schwimmen können, weil sie keinen Schließmuskel haben und mit Wasser volllaufen würden. Das sind Menschen, die selbst oft genug in Western gesehen haben, wie eine Herde durch einen Fluss getrieben wird. Scheinwahrheiten, die auf Hörensagen beruhen, wiegen oft schwerer als Erfahrung, wie fragwürdig sie in diesem Fall auch sein mag.

Ein anderer weitverbreiteter Irrglaube ist, dass Kühe in Indien heilig sind. Nicht totzukriegen, nicht mit meinen Worten, nicht mit anderen, nicht mit Fakten und Beweisen. Es ist so arg, dass man als Klugscheißer und Korinthenkacker dasteht, wenn man das richtigstellt.

Ja, in Indien laufen Kühe unbehelligt auf den Straßen herum. Ja, Hindus essen das Fleisch der Kühe nicht, aber strenggläubige Hindus essen gar kein Fleisch. Moslems in Indien hingegen essen schon Rind. Ich will hier keine Haare spalten, aber Tiere, die man nicht isst, sind nicht gleich heilig, und auch andere Tiere laufen auf Indiens Straßen herum, Hunde, Katzen, Hühner. Aber die sind nicht groß und haben kaum Aussichten, den Verkehr erheblich zu behindern, deswegen redet man nicht von ihnen.

Kühe behindern den Verkehr und gehören mehr oder weniger zum Straßenbild, ja. Aber heilig? Wissen die Leute überhaupt, was heilig heißt? Das Tier wird nicht verehrt, man sagt ihm keine Verbindung zum Göttlichen nach. In diesem ganzen riesigen Land mit seiner hinduistischen Eigenart, alle möglichen Götter nebeneinander zu akzeptieren und anzubeten, in diesem Land, in dem man zum

Affengott, Elefantengott, zur mordenden Kali, zum Kuhhirten Krishna und sogar zu Ratten beten kann, in diesem Land gibt es keinen einzigen Tempel, der Kühen geweiht wäre. Keinen einzigen. Niemand in Indien betet eine Kuh an oder glaubt, dass sie heilig wäre. Es sei denn, er ist von Westlern verdorben worden oder redet ihnen nach dem Mund.

Man muss es nur oft genug wiederholen, dann glauben die Leute alles. Egal wie die Realität aussieht.

Also noch mal von vorn: Kühe können wirklich nicht schwimmen. Echt. Die haben nämlich so viele Mägen, dass sie keinen Schließmuskel benötigen.

Und jetzt bitte nicht annehmen, in diesem Text würde es um Kühe gehen. Spinat enthält viel Eisen, und man soll Spinatgerichte nicht aufwärmen, weil dadurch das Nitrat in Nitrit verwandelt wird, das giftig ist.

Aber das ist ja noch lange nicht alles. Nehmen wir es ein paar Nummern größer. Nicht nur, dass das Klima kollabiert, nein, unsere Sicherheit ist in Gefahr, weshalb wir gerne unsere Freiheiten beschneiden lassen. Der Islam ist böse, die Demokratie allen anderen Gesellschaftsformen überlegen und deshalb leben wir sie auch wirklich. Man muss es nur oft genug wiederholen.

Ich kann mich zu häufig auch nicht wehren, man wird immer von seiner Umgebung beeinflusst. Doch manchmal sage ich mir morgens beim Aufwachen schon: Ich glaube nichts. Gar nichts.

Entlegene Möglichkeiten

Es gibt immer wieder Menschen, die auf dem Gebiet, auf dem sie sich betätigen, Ausnahmeerscheinungen sind, zumindest zu ihren Lebzeiten. Sie kommen, machen etwas, das niemand vor ihnen so gemacht hat, und wenn sie gehen, sind die anderen meist nicht mal in der Lage, das zu kopieren. Picasso mag so jemand gewesen sein, Charlie Chaplin, Buddha, Bob Marley, Michael Jordan, Billie Holiday, Gandhi, Tony Hawk, Marlon Brando. Wow, ich mag es, diese Namen alle in einem Satz zu schreiben, aber egal ...

Richard Brautigan ist auch so einer, der entlegene Möglichkeiten verwirklicht hat und geschrieben hat wie niemand vor ihm. Woher hat er diese Melancholie, woher die Bilder, woher die Vergleiche, habe ich mich immer gefragt, wenn ich ihn früher gelesen habe. Wie kann man eine Metapher finden, die zugleich total abgedreht und treffend ist? Wie kann man ein Wort wieder und wieder in aufeinanderfolgenden Sätzen wiederholen, und es klingt nicht nur nicht blöd, sondern so, als wäre es die einzige Möglichkeit, gut zu schreiben. Wie kann jemand so viel Wärme in einen Text legen, dass man beim Lesen das Gefühl bekommt, man würde am Kamin sitzen? Wie kann jemand so schreiben, wo hat er das her?

Jahre sind vergangen, seit ich Brautigan für mich entdeckt habe. Und so, wie fast jeder Picasso, Charlie Chaplin, Buddha, Michael Jordan und Marlon Brando kennt, gehe ich immer davon aus, dass fast jeder, der liest und einen ähnlichen Geschmack hat wie ich, auch schon von Richard Brautigan gehört hat. Doch das ist fast nie der Fall.

Murakami hingegen, der mich langweilt, weil er sich in meinen Händen unter anderem so liest, als sei er eine billige, verwässerte, abgekupferte Version von Brautigan, kennen viele. Und er gibt sogar zu, von Brautigan beeinflusst zu sein. Murakami kommt mir immer vor wie ein Intellektueller, der nie mutig oder verzweifelt genug war, um weit rauszuschwimmen, während Brautigan einfach nichts anderes übrig blieb, als im Meer nach Perlen für uns zu tauchen, weil er sein Leben nicht auf die Reihe bekommen hat.

Nein, nein, es geht hier nicht um Gerechtigkeit oder darum, anderen meinen Geschmack aufzudrücken. Ich wundere mich nur. Ich wundere mich, weil Brautigan so leicht zugänglich und so schön ist. Ich wundere mich, weil er mir so viele grandiose Stunden beschert hat.

Ganz einfach

Simplicity we use to survive, singt Sizzla.

In letzter Zeit tue ich es immer öfter, und ich weiß nicht, ob es richtig ist oder mich nur in weitere Sackgassen führt. Oder ob es nur ein Zeitvertreib ist, den ich irgendwann wieder aufgeben werde, wie fast jeden Zeitvertreib.

Auf jeden Fall vergegenwärtige ich mir einen Wunsch oder einen Traum, den ich momentan habe, meinetwegen auch ein Ziel. Und dann frage ich mich: Warum genau möchtest du das eigentlich? Und versuche, eine ehrliche Antwort darauf zu finden.

Wenn ich die Antwort habe, frage ich mich: Und warum willst du *das*?

Wenn ich es weiß, frage ich mich wiederum: Und warum das? Wozu dient es?

Immer so weiter. Bis es nicht mehr geht.

Und dann gibt es zwei Möglichkeiten. Entweder die Kette hängt in der Luft, sie ist nirgendwo verankert, sie scheint zu nichts zu führen. Oder es gibt tatsächlich eine Antwort, die sich nicht weiter reduzieren lässt. Dann frage ich mich: Gründet diese Antwort auf einer Angst oder einem Verlangen? Eins von beiden trifft immer zu.

Und Angst ist auch nur Verlangen, negatives: Man will etwas vermeiden.

Egal, was es ist, was ich möchte, es läuft auf ein Verlangen hinaus. Darauf lassen sich alle Wünsche zurückführen. Wenn das Verlangen keine Notwendigkeit wie essen oder schlafen ist, dann muss es eine Gier oder eine Sehnsucht sein. Und Gier und Sehnsucht sind unendlich. Hast du

Geld, willst du mehr, hast du Liebe, willst du auch mehr. Egal, was du bekommst, es reicht nicht, nie. Dein Verlangen hilft dir nur, dein Glück zu verschieben, in eine Zukunft, die nicht stattfindet.

So simpel, so einfach. Banal, mag man möglicherweise sagen.

Die Wünsche, die in der Luft hängen, sind häufig leicht zu vergessen. Den anderen versuche ich immer öfter den Rücken zuzuwenden. Vielleicht wie ein trotziges Kind, vielleicht wie ein weiser Mann, keine Ahnung, ehrlich nicht.

Ich will nichts erreichen, ich will an keinen Ort. Wohin denn auch? Der Berg hat keinen Gipfel, es ist nur ein steiniger Weg aufwärts, der nirgends hinführt.

Das ist ganz leicht, wenn es mir eine Zeit lang gut geht. Sobald es schlecht läuft, fange ich wieder an zu klettern. Auf einen riesigen Hügel, den ich selbst auftürme, in dem ich Verlangen auf Verlangen schichte.

Rockers Hi-Fi sagen das irgendwo: *I know it's wrong, but I want it to be right.*

Auf wen ich höre

Als ich mit zwanzig anfing, in einem Fitnesscenter Gewichte zu stemmen, konnte man sofort sehen, dass ich ein Neuling bei dieser Beschäftigung war. Das führte dazu, dass dauernd Männer auf mich zukamen, die mir erzählten, ich würde falsch trainieren, dass es so oder so oder so besser wäre und alles andere Quatsch. Nur widersprachen sich die Theorien der verschiedenen Leute. Und ich hatte einen ganzen Packen Bücher zum Thema gelesen und war mir sicher, dass ich besser Bescheid wusste als jeder Einzelne von ihnen, auch wenn ich nicht halb so viel wog.

Ich nickte das eine oder andere einfach ab, probierte dieses oder jenes auch tatsächlich aus, aber dann kam mit Sicherheit jemand, der mich aufklärte, dass ich es gerade falsch machte. Das ist ja eigentlich immer so im Leben, egal, was und wie du es machst, es findet sich stets jemand, der weiß, dass du es verkehrt anstellst.

Eines Tages kam dann dieser Typ, der mir plausibel erklärte, die letzten drei Wiederholungen, die ich mit leichterem Gewicht machte, würden mir nichts bringen, sondern mich nur unnötig ermüden. Ich fand ihn sympathisch und sagte:

- Schau mal, jeden Tag kommt jemand anderes und sagt mir, ich soll es so oder so machen, und alle erzählen etwas anderes. Das ist schwierig für mich, wem soll ich denn glauben?

- Ganz einfach, sagte er, sieh dir die Leute an, die dir etwas raten.

Fragend sah ich *ihn* an.

- Du siehst doch, wessen Muskeln entwickelt sind, wer Masse hat, wer Definition, wer einen Bauch, wer einfach nur Kraft und wer gar nichts. Und je nachdem, was du möchtest, hörst du halt auf die Leute, die entsprechend aussehen.

Ich glaube nicht, dass das die ganze Wahrheit ist, aber es hat mir eingeleuchtet. Und seitdem höre ich auf seinen Rat, in allen Lebensbereichen.

Da draußen sind Heerscharen von Menschen, die freigebig und ungefragt Ratschläge verteilen, man muss sie sich nur ansehen.

Jemand, der es geschafft hat, seine letzten sieben Beziehungen jeweils innerhalb eines Jahres gegen die Wand zu fahren, kann mir keine Empfehlungen geben, was meinen Umgang mit Frauen angeht.

Oder einfacher, jemand, der raucht, kann dir nicht erklären, wie man es hinkriegt, aufzuhören. Jemand, der täglich vier Stunden fernsieht, kann dir nicht erzählen, was für ein Schrott dort läuft, ohne dass er an Glaubwürdigkeit verliert. Warum guckt er es dann? Jemand, der nur unter Druck arbeiten kann, kann dir nichts von Disziplin erzählen. Jemand, der ständig unglücklich ist, kann dir nicht erzählen, was du im Leben alles falsch machst. Das theoretische Wissen bringt dich nirgendwohin, sonst könnten wir alle einfach diese Glücksratgeber lesen und das wär's dann. Aber so läuft das Leben eben nicht. Zwischen Wissen und Leben ist ein Unterschied wie zwischen Onanie und Wirklichkeit.

Wie gesagt, es ist nicht die ganze Wahrheit, manchmal hat man von außen einen besseren Blick als von innen. Dann nehme ich die Fingerzeige als Gelegenheit wahr, meine Perspektive mal zu wechseln, doch ich höre nur noch dann auf Ratschläge, wenn das Leben des Menschen mir

Vertrauen schenkt. Die, die es gehört, gelesen, gesehen haben, wissen nicht halb so viel wie die, die es leben oder gelebt haben. Und es ist meist nicht schwer, die einen von den anderen zu unterscheiden.

Im Land der Regeln

Ein Personalausweis ist in der Regel ja nicht über die Landesgrenzen hinaus gültig, bloß innerhalb der EU gibt es da andere Vereinbarungen. Da ich aber keinen Personalausweis eines EU-Landes besitze, sondern einen türkischen, müsste ich eigentlich immer meinen Pass dabei haben, um mich ausweisen zu können. Was nicht besonders praktikabel ist, weshalb ich immer nur den Personalausweis einstecken habe, und das gibt nur in seltenen Fällen Probleme.

Wie letztens bei der Post. Ich wollte ein Einschreiben abholen, meinen Pass, der mit einem Visum versehen vom indischen Konsulat zurückkam. Ich gab der Dame am Schalter den Abholschein und zeigte meinen Personalausweis.

- Der ist nicht gültig, sagte sie.

- Ja, ich weiß, lenkte ich sofort ein, aber ihre Kollegen sind immer so freundlich, auch das als Identitätsnachweis zu akzeptieren.

- Es kann sein, dass die Kollegen das machen, aber eigentlich geht es nicht. Sie brauchen einen Pass.

Ich zeigte auf den Umschlag, der zwischen uns lag.

- Der ist da drin, sagte ich.

Sie blickte mich fragend an.

- Mein Pass ist in dem Umschlag, ich habe im Moment nichts anderes, womit ich mich ausweisen könnte, aber Sie können ja gerne nachschauen.

- Ich kann das nicht öffnen, sagte sie, ich weiß ja nicht, ob es Ihnen gehört.

- Da ist mein Pass drin, Sie werden sehen.

- Möglich, aber im Moment sind weder Sie noch ich befugt, den Umschlag zu öffnen.

Ich sah sie an.

- Was soll ich denn jetzt Ihrer Meinung nach machen?

- Dann will ich mal so freundlich sein wie die Kollegen, sagte sie und akzeptierte meinen Personalausweis.

Sonst hätte es geheißen ohne Pass keinen Pass. Und das ist fast so eine gute Regelung wie ohne Arbeit keine Wohnung und ohne Wohnung keine Arbeit.

Ich finde, Regeln erleichtern vieles, aber die Regeln sollten für den Menschen sein und nicht der Mensch für die Regeln.

Bloß ein Croissant

Das Leben hat sich verändert. Wenn ich früher etwas nicht wusste, habe ich es nachgeschlagen. Falls ich das richtige Lexikon zur Hand hatte. Heute gehe ich an den Rechner, google es oder schau bei *Wikipedia* rein. Wie lang war die Zeit, die man als Wilder Westen bezeichnet? Was genau ist ein Geschmacksverstärker? Was sind freie Radikale? Welche Nahrungsmittel enthalten tatsächlich und nicht nur gerüchteweise viel Eisen? Wer hat die Sauna erfunden?

Wenn ich die Antworten gefunden habe, glaube ich hinterher immer, etwas mehr über die Welt zu wissen.

Eines Abends behauptete Maria, Croissants kämen von den Osmanen, und bei der Belagerung Wiens sei das Gebäck irgendwie nach Mitteleuropa gelangt. Wie genau das zusammenhing. wusste sie auch nicht, aber es leuchtete ihr ein – schon allein wegen der Halbmondform. Mir nicht, dann hätte es ja in der heutigen Türkei doch irgendetwas gegeben, das mehr als nur entfernte Ähnlichkeit hat.

Und schon saßen wir vor dem Rechner, und es gab eine Legende, die ihrer Geschichte nahekam. Aber es gab auch noch andere Legenden.

Wir lasen alles über das Croissant auf den deutschen Seiten von *Wikipedia*, und danach waren wir für eine Minute Experten. Bis wir auf den französischen Seiten nachschauten. Der Artikel dort war viel ausführlicher, das verwunderte nicht, aber nicht mal die Legenden über die Herkunft waren dieselben. Und auch sonst war einiges anders. Es gab sogar ein Rezept, aber auch das entsprach nicht dem, was wir einige Minuten später auf den niederländischen Seiten fanden. Spanisch, Englisch, Katalanisch, Finnisch, Schwedisch, Kroatisch, Portugiesisch, Italienisch, Arabisch – man kann im Internet in vielen Sprachen Croissantexperte werden.

Nur ist das ein fragwürdiges Wissen, da auf jeder Seite etwas anderes steht. Und nichts davon kann ja die Wahrheit sein.

Bisher habe ich mich hinterher immer für klüger gehalten, sobald ich einen *Wikipedia*-Artikel gelesen hatte. Wohl wissend, dass den auch nur jemand geschrieben hat, der möglicherweise kein Experte ist. Ich dachte, ich sei näher an irgendeiner Wahrheit. Letztlich ist sie aber wohl doch nur eine Brille, die man sich aufsetzt. Man kann die Welt nach Freud verstehen, nach Marx, nach Sartre und nach *Wikipedia*. Oder eben in einer bestimmten Sprache.

Irgendwie muss man den Dingen einen Sinn unterjubeln, einen Zusammenhang. Aber es gibt einfach keine Wahrheit. Es ist wie Sokrates gesagt hat: Man hat keine Ahnung, von nichts. Und daran ändern auch die Informationen im Netz nichts.

Erklär mal asozial

Menschen, die an einem bestimmten Rand der Gesellschaft leben, nennt man gerne schon mal Assis oder Asoziale. Menschen, die genug Geld haben, um sich eine Tageskarte in der Sauna zu leisten, zählt man gemeinhin nicht zu dieser Kategorie.

Wir sind in Deutschland, alles hat seine Regeln und oft genug habe ich den Eindruck, dass diese Regeln hier eher befolgt werden als in anderen Ländern. Doch nicht so in der Sauna, wo es Hinweisschilder gibt, die besagen, dass man bitte keine Liegen reservieren soll. Aber die Leute deponieren Taschen, Handtücher, Bücher oder Wasserflaschen auf den Polstern, auf dass sie nicht suchen oder gar stehen müssen, wenn sie liegen wollen.

Da es eh nicht erlaubt ist, nehme ich den Kram gerne von der Liege, platziere ihn auf dem Boden und lege mich hin. Wenn ich dann eine Stunde dort geruht habe, ohne dass jemand kommt und seine Sachen auf dem Boden abholt, weiß ich, wie man das Wort asozial gut veranschaulichen kann.

Wenn du einen Platz, den du so lange nicht brauchst, auch unbrauchbar für andere Menschen machen möchtest, kann das nur ein Zeichen dafür sein, dass du zu gemeinschaftlichem Handeln kaum fähig bist.

Es wäre ja meist auch genug Platz für alle da, wenn nicht so viele Liegen reserviert wären. Oder wenn mehr Menschen die Habseligkeiten der Asozialen beiseitepacken würden.

Da sich aber viele offenbar genau das nicht trauen, gibt es im Kölner Neptunbad Mitarbeiter, die herumlaufen, Liegen freiräumen und auf den Taschen, Büchern und Handtüchern der Asozialen kleine Kärtchen hinterlassen, auf denen steht, dass man bitte keine Liegen reservieren soll.

Ich bin ganz zufrieden mit dem, was ich mache, aber ich neide den Leuten auch diesen Job: Versuchen, anderen die Grundregeln des Zusammenlebens beizubringen, und dafür auch noch bezahlt werden.

Als es Helden waren

Früher habe ich meine Helden dafür gehasst, dass sie erwachsen wurden. Erwachsen werden, das hieß Kompromisse machen, vernünftig werden, Boden verlieren, das Spiel nach deren Regeln spielen, nicht mehr wütend sein, sondern weich und mild. Ich hörte Songs von The Clash und The Pogues in der Werbung und fragte mich, ob sie verloren hatten: Glauben, Ideale, Haltung, Hoffnung, alles.

Aber es gab auch Helden, die nicht erwachsen wurden.

Und nun, da ich älter werde, finde ich auf einmal genau das seltsam und befremdend. Doch wenn es jemand mal geschafft hat, mich richtig zu beeindrucken, dann bin ich Fan, wahrscheinlich für den Rest meines Lebens, komme, was wolle.

Wie bei Henry Rollins. Als ich Anfang zwanzig war, habe ich ihm Briefe geschrieben, weil er der einzige Mensch zu sein schien, der mich verstehen konnte. Ich habe geschrieben, ohne zu lügen, ohne hinzuzufügen, ohne falsche Gründe vorzuschieben, ich habe geschrieben, als würde ich beten. Wenn man so weit ist, den Allmächtigen anzurufen, kann man auch nicht unehrlich sein. Wen will man damit schon hinters Licht führen? Henry Rollins war mein Gott. Und ich werde ihn immer verehren. Und weiterhin zu seinen Spoken-Word-Shows gehen, wie diesen Dienstag. Auch wenn ich es von Mal zu Mal weniger gut finde. Unter anderem, weil er einfach nicht erwachsen werden will. Für mich sieht es so aus, dass er die Wut nur noch unter größter Anstrengung aufrechterhalten kann, dass er sich mit Händen und Füßen dagegen wehrt, sich zu entspannen, dass er Milde und Reife mit Gleichgültigkeit und Antriebsarmut verwechselt. Weil ich das Gefühl habe, dass er auf der Stelle tritt. Dass seine Welt mit den Jahren enger wird anstatt weiter. Dass er immer weniger Möglichkeiten und Wege sieht statt mehr. Mehr Wege müssen ja nicht gleichbedeutend mit mehr Kompromissen sein. Es könnte ja auch heißen, dass man einfach nicht mehr gefangen ist in einem Bild, das man von sich selbst mal entworfen hat. Deswegen muss man ja nicht gleich jeden Scheiß mitmachen und seine Haltung aufgeben.

Doch allein das Wort *Mittelweg* klang für mich früher schon nach aufgeben, und so spitzfindige Erklärungen wie meine hier kamen mir vor, als würde sich da jemand winden.

Vielleicht ist das alles auch gar nicht wichtig, die Welt spielt sich in einem selbst ab. Es gibt Zeiten, da hasst man seine Helden dafür, dass sie erwachsen werden, und es gibt Zeiten, da steht man ratlos davor, wenn sie es nicht tun.

Nichts ist von Dauer. Nicht mal Helden.

Wie was heißt

Es gibt jede Menge Kultur, die man konsumieren kann, und es liegt wohl in der Natur der Sache, dass einem nicht mal die Hälfte davon gefällt und dass man bei so und so viel Produkten das Gefühl hat, dass der oder die Macher keine einzige Idee hatten.

Aber selbst da muss sich jemand Gedanken gemacht haben über den Titel, über die Wortkombination, unter der das Produkt dann verkauft wird. Und ich gehe davon aus, dass es für jeden Titel einen Grund gibt, einen nachvollziehbaren.

Aber Titel werden übersetzt. Und bei der Übersetzung muss sich irgendjemand Gedanken gemacht haben. Und diese Gedanken sind für mich oft nicht nachvollziehbar. Vergessen wir, dass *Mo' Money* auf Deutsch *Meh' Geld* heißt und noch einige andere Beispiele aus dem Kino. Film ist Mannschaftskunst, es sind viele Leute daran beteiligt und Kompromisse gehören zum Geschäft. Ein Film wird auf verschiedene Art und Weise vermarktet, auch über die Schauspieler und namhafte Produzenten und so weiter.

Bei einem Buch hingegen hat man weniger Möglichkeiten, und ist der Autor nicht sonderlich bekannt, ist der Titel das Erste, das Aufmerksamkeit erregen könnte. Oder eben nicht. Ich habe Anna Gavaldas Buch *Zusammen ist man weniger allein* lange nicht gelesen, weil ich dachte, es sei eins dieser kitschigen Frauenbücher, die mich zu Tränen langweilen. Und das dachte ich nur wegen des Titels. Dann habe ich beim Lesen festgestellt, dass das Buch im Original *Ensemble c'est tout* heißt. Ich weiß ja nicht, wie ich das übersetzen würde, aber ich finde, man hat dem Buch unrecht getan. Wie vielen, vielen anderen auch. *Another Bullshit Night in Suck City* heißt auf Deutsch *Bullshit Nights,* aus *Choke* wird *Der Simulant. Komt een vrouw bij de dokter* heißt *Mitten ins Gesicht, J'étais derrière de toi* wird zu *Nicht so schlimm. Even Cowgirls Get the Blues* wird kongenial übersetzt mit *Sissy, Schicksalsjahre einer Tramperin,* aus *Don't Sleep, There Are Snakes* wird *Das glücklichste Volk,* aus *Lent dehors* wird auf Deutsch *Pas de deux.*

Ich würde es auch gerne nicht so schlimm finden. Vielleicht beruht es auch nur auf einer Solidarität mit den Autoren, die ich unnötigerweise empfinde, doch ich denke: Das kann doch nicht sein, die nehmen ein Buch und ändern den Titel. Verhunzen ihn. Zerstören den ersten Eindruck, den der Schreiber erwecken wollte.

Ich würde es auch gerne nicht so schlimm finden, wenn ich eine bessere Erklärung dafür hätte als: In den Verlagen glaubt man, mehr von diesen Dingen zu verstehen als der Autor selbst. Oder anders: Der Titel gehört zum Marketing, nicht zum Buch.

Jens-Uwe Sommerschuh sagte eine Zeit lang gerne: *Man kann über Napoleon denken, was man möchte, aber immerhin hat er einen Verleger umbringen lassen.*

Etikettenschwindel

In der Annahme, dass lesen gleich Bücher lesen bedeutet, wird gerne geklagt, dass immer weniger Jugendliche lesen, dass überhaupt immer weniger gelesen wird. In der Annahme, dass Lesen bildet und die Lebensqualität steigert, werden Wege gesucht, junge Menschen an Bücher heranzuführen.

Ich habe im Literaturbetrieb jede Menge Leute kennengelernt, die wohl eine Art von Bildung besitzen, und davon zweifelsohne mehr als ich. Was nichts daran ändert, dass so einige neidisch, missgünstig, selbstverliebt, gierig, geizig, cholerisch, kleinlich oder gar hinterhältig sind. Ich weiß nicht genau, was all diese Bücher bilden, aber ich weiß, dass die Menschen hier lesen. Alle.

Sie lesen die Rückseiten von Cornflakespackungen, die Bastelanleitung in Überraschungseiern, Beipackzettel, den Fahrplan, die Werbung in der U-Bahn, Briefe vom Amt, Hinweisschilder, Aushänge im Treppenhaus, die Aufschrift auf dem Antischuppenshampoo. Gebrauchstexte aller Art. Wie Etiketten von Weinflaschen im Supermarkt, auf denen häufig Angaben zur Trinktemperatur gemacht werden, zum Geschmack und zu welchen Gerichten das Getränk passt.

Auf einem Etikett las ich vor einiger Zeit: Dieser Wein passt sich den Erfordernissen einer modernen Gastronomie an.

Das hörte sich gut an, auch wenn ich keine Ahnung hatte, was es wohl bedeutet. Dieser Wein passt sich den Erfordernissen einer modernen Gastronomie an. Ein Satz, wie man ihn selten auf Weinflaschenetiketten findet.

Zu Hause habe ich festgestellt, dass das eine gekonnte Formulierung war für: Dieses Getränk schmeckt nach fast gar nichts. Doch da war die Flasche bereits gekauft und geöffnet.*

Gelesen wird fast immer. Doch meistens, ohne sich die Macht der Worte bewusst zu machen. Ohne sich Gedanken darüber zu machen, was genau dieses Lesen bewirkt. Erst dieses Etikett hat mir eröffnet, dass ich den Sätzen, die ich Tag für Tag eher nebenbei lese, mehr Aufmerksamkeit schenken sollte.

Sie können wie eine Tür sein, durch die man tritt, um noch mehr zu staunen im Land der Worte.

* *Die Chuzpe (ein schönes Wort, das man aber nur so selten braucht), bestimmte Sachen zu formulieren und drucken zu lassen, muss man ja erst mal besitzen. Fasziniert war ich auch von dem Etikett eines alkoholfreien Bieres, auf dem zu lesen war: Schützt vor freien Radikalen, wirkt nachträglich entgiftend, stärkt das Immunsystem. Ich habe lange darüber nachgedacht, was* nachträglich entgiftend *wohl heißen könnte und in welchem Zusammenhang es zu* vorsorglich entgiftend *wohl stehen mag.*

Richtig und falsch und das dazwischen

Meine Eltern waren in Marokko und haben mir Sandelholz mitgebracht. Es ist rot und riecht so stark, dass man glauben könnte, es sei parfümiert. Ich habe noch anderes Sandelholz zu Hause, aus Indien. Es ist viel heller, eher gelb als rot, und auch viel schwerer. Es riecht nicht ganz so stark und außerdem auch noch anders.

Die Erklärung schien mir einfach: In beiden Ländern gibt es viele Touristen, und denen zieht man gerne das Geld aus der Tasche, und dabei sind den Leuten viele Mittel recht. Einer der beiden Sandelholzverkäufer muss ein Lügner sein.

Ich weiß nicht, was mich trotz dieser Einsicht dazu bewegt hat, doch noch mal bei *Wikipedia*, wo ja auch nicht immer die Wahrheit steht, *Sandelholz* einzugeben.

Es gibt eine Geschichte von Nasreddin Hodscha, in der zwei Männer den Rat des Weisen in einem Streitfall suchen. Der erste trägt seine Version vor und der Hodscha sagt: Du hast recht. Dann erzählt der zweite, wie er die Sache sieht. Und er antwortet: Du hast recht.

Die Frau des Hodschas, die daneben sitzt, sagt: Aber du kannst doch nicht beiden recht geben. Und der Hodscha: Du hast recht.

Doch die beiden Verkäufer hatten recht. Sandelholz ist eine Handelsbezeichnung für Hölzer, die von ganz verschiedenen Bäumen stammen, las ich. Und beide Hölzer, die ich besaß, entsprachen den jeweiligen Beschreibungen.

Und ich war erschrocken über mich. Man erklärt sich die Welt immer entsprechend dem eigenen Wissensstand und den eigenen Vorurteilen. Und zwängt vieles in ein Raster von richtig und falsch. Aber schon Tom Liwa sagt: *& darum, recht zu haben, geht's überhaupt nicht.* Und wer weiß schon, wie viele Situationen es noch gegeben hat, wo ich das eine für richtig und das andere für falsch befunden habe, den einen im Recht, den anderen im Unrecht gesehen und somit wieder das größere Bild nicht erkannt habe.

Vielleicht sieht es aus der Perspektive eines Gottes so aus, dass es diese Kategorien gar nicht gibt, richtig – falsch, gut – böse, und die Welt sieht ganz anders aus, als wir es wahrhaben und verstehen können. Vielleicht auch nicht. Aber es ist wohl immer gut, Platz für Zweifel zu lassen.

Nicht besser oder schlechter, anders

Es gibt Menschen, die glauben, Literatur hätte mit Preisen zu tun, Bachmann, Büchner, Booker, Nobel und wie sie alle heißen. Es gibt Menschen, die glauben, Literatur hätte mit Bildung zu tun, damit, dass man die Klassiker gelesen hat und sich auf sie beziehen kann, dass ein Teil dessen, was da entsteht, auf Gedächtnisleistung beruht. Es gibt Menschen, die glauben, man müsste die Sprache beherrschen, Herr über sie sein, um sich aufspielen zu können wie ein Dompteur. Sprachgewaltig seien sie, heißt es über manche Autoren, als ginge es um Macht und Befugnisse. Es gibt Menschen, die glauben, der Schriftsteller hätte die Aufgabe, die Welt, die Verhältnisse, die Gesellschaft und deren Krisen zu erklären. Die glauben, er könne Entscheidendes zu den Problemen unserer Zeit sagen. Die der Meinung eines anerkannten Wortklaubers mehr Gewicht beimessen als der Meinung eines anderen, der zufällig einen anderen Beruf hat. Es gibt Menschen, die glauben, Literatur hätte damit zu tun, irgendwo irgendetwas zu gelten, eine Größe zu entwickeln oder zu sein, sich von den anderen abzugrenzen. Es gibt Menschen, die glauben, Literatur müsse dazu dienen, die Welt zu verändern.

Sie werden alle recht haben auf ihre Weise. Aber diese Menschen scheinen mir in der Mehrheit zu sein und die Definitionshoheit darüber zu haben, was Literatur ist.

Wenn du nicht mehr weiterweißt, wenn du keine Ahnung hast, was du hier sollst, wieso du hier gelandet bist, wenn es so aussieht, als würdest du noch weniger als alle anderen verstehen, wenn jeder Tag neue Rätsel aufwirft, wenn es keinen Ausweg mehr zu geben scheint, wenn alle Pfade bergauf sind und in Sackgassen enden, wenn Verzweiflung und Einsamkeit sich so mischen, dass du sie nicht mehr auseinanderhalten kannst, wenn du das Gefühl hast, du wärst von allen getrennt, durch eine Wand, die nicht dicker als Rizzlas zu sein scheint, die du aber nicht durchbrechen kannst, wenn du es nicht hinkriegst, dich in deinem Alltag irgendjemandem wirklich mitzuteilen, und wenn das Einzige, was du findest, das hilft, Worte sind, dann kann auch Literatur entstehen. Wenn du sagst, scheiß drauf, zu verlieren hab ich eh nichts, ich holz jetzt einfach drauf. Wenn du sagst, alles andere ist egal, ich lebe oder sterbe mit dem Scheiß, wenn du sagst, das ist die einzige Art, auf die ich zugrunde gehen möchte, wenn nichts mehr bleibt, gar nichts, dann kommst du nicht auf die Idee, über die Sprache zu herrschen, dann ist sie dein Weg raus, egal wie dornig, steil und steinig, egal wie sehr Sackgasse.

Das heißt nicht, dass das, was du schreibst, gut ist, keinesfalls, aber es heißt, du hast schlechte Karten, weil du in einem Geschäft gelandet bist, wo die anderen die Regeln machen.

Arbeit und Sex

Sein Hobby zum Beruf machen – ich kann mich erinnern, diesen Ausdruck gehört zu haben, da war ich noch so klein, dass ich nicht wusste, was ein Hobby eigentlich genau ist.

Es war ein Sommertag, angenehm heiß, und ich hatte im Park gelegen, die Zeit mit einer Frau verplaudert. Damals ahnte ich vielleicht dunkel, dass wir ganze Wochen und Monate miteinander verbringen würden. An jenem Tag musste ich unser Treffen beenden, weil ich noch eine Yogastunde zu geben hatte.

Es fiel mir nicht auf, es fiel mir nicht auf, bis ich vor den Schülern stand und den Mund aufmachte. Dann merkte ich: Ich habe heute keine Lust zu unterrichten. Nicht die geringste. Es war das erste Mal, dass mir das passierte. Ich machte die Stunde und versuchte, mir nichts anmerken zu lassen.

Und später erzählte ich es Markus, wie immer, wenn mich etwas beschäftigt. Er wollte wissen: Wie lange unterrichtest du jetzt noch mal? Ich: Zwei Jahre. Er: Jetzt mach dir mal keinen Kopf, dass du keinen Bock hattest, sei einfach froh, dass es so lange gedauert hat.

Er hat recht, glaube ich.

Sein Hobby zum Beruf machen, ich glaube nicht, dass es so etwas wirklich gibt, es ist nur eine beschissene Redensart, man macht eine Arbeit aus seinem Hobby, und wenn es gut läuft, ist man irgendwann in der Position, es tun zu müssen, ob man gerade will oder nicht.

Hunter S. Thompson schreibt das irgendwo, dass Schreiben wie Sex ist, der ja auch nur den Amateuren Spaß macht.

Egal, aus welchem Vergnügen man eine Arbeit macht, es wird ein Tag kommen, an dem man keine Lust hat, diesem Vergnügen nachzugehen. Und danach wird es auch wieder andere Tage geben.

Niemand von uns findet einen Ausweg, auch wenn es manchmal so aussieht und einige Neunmalkluge dir weismachen wollen, dass ihr Leben besser ist als das der anderen.

Bloß Konzepte

Die anderen haben schon viel geschrieben über die Angst vor dem weißen Papier, wir haben sogar ein eigenes Wort dafür, wenn es so aussieht, als könnte man gerade nicht, und auch ich habe schon mal *Schreibblockade* gegoogelt, als mir nichts einfiel. Und auch ich habe schon von einer Stimmung überwältigt Texte geschrieben an Orten, an denen ich sonst nie schreibe.

Und trotzdem glaube ich nicht daran. An die Schreibblockade. Und auch nicht an die Inspiration. Ich denke, man steigt selber sowieso nie ganz dahinter, was man da tut, und um es besser überblicken zu können, denkt man sich Konzepte aus. Diese Konzepte verselbstständigen sich irgendwann so weit, dass man sie mit der Wahrheit verwechselt.

Man denkt. Morgens wacht man auf und es geht los und die meiste Zeit des Tages ist man mit den eigenen Gedanken beschäftigt oder damit, auf Außenreize zu reagieren. Was meistens auch mit Gedanken verbunden ist. Sagen wir, du bist durchschnittlich sechzehn Stunden wach, in der Zeit ist der Teufel was los in deinem Kopf, aber wenn dich abends jemand fragen würde, was du so gedacht und gefühlt hast – du würdest wahrscheinlich nicht mal einen Bruchteil zusammenbekommen.

Es ist nicht so, dass einem nichts einfällt, das tut es den ganzen Tag, aber man merkt es nicht, weil man nicht darauf achtet.

Und sicherlich, nicht alle diese Gedanken, die man hat, taugen irgendetwas im Bezug aufs Schreiben, wahrscheinlich sogar die wenigsten. Aber es kann ja auch nicht alles Schrott sein.

Da ist etwas, da ist immer irgendetwas.

Die guten Ideen, die wirklich guten Ideen, das kennt ja jeder, bei denen kann man nicht sagen, woher sie kommen. Wenn man stunden- oder tagelang an einem Problem rumbastelt und auf einmal weiß man, wie es geht.

Woher kommt diese Idee? Man kann jetzt Inspiration dazu sagen, aber das erklärt ja gar nichts. Und wenn es Inspiration gibt, muss es am anderen Ende der Skala ja Schreibblockade geben. Und ich mag das nicht glauben. Ich stelle es mir so vor: Dinge tauchen auf, Ideen, Hirngespinste, Fantasien, man versteht nicht, woher sie kommen, sie tauchen einfach auf, und manchmal ziehen sie eben an einem vorbei, und manchmal ist man wacher oder offener und kann sie festhalten. Man hat keine Ideen, sie sind einfach da. Mit ein wenig Glück oder vielleicht auch nur Aufmerksamkeit kann man sie sehen.

Touristenfalle

Ich erkannte ihn, den Rikschafahrer, der das junge belgische Pärchen bei uns im Hostel über so einen Tisch gezogen hatte, dass es schon eine Tafel war. Sie hatten sich auf vierhundert Rupien für den ganzen Tag geeinigt, und am Ende des Tages hatte der Fahrer angefangen. Von dem Regen, den er nicht erwartet hatte und bei dem es so anstrengend war zu fahren, von dem Platten, den sie gehabt hatten und den er aus eigener Tasche bezahlen musste, von den langen Pausen zwischen ihren Stationen, in denen er hätte Geld verdienen können, von seiner kleinen Schwester, die so krank war, dass sie seit Tagen nichts essen konnte, davon, dass er sicherlich auch krank werden würde, nachdem ihm das Hemd auf dem Leib getrocknet war, dass das Dach seiner Rikscha ja besonders dicht sei und sie nicht nass geworden wären, und noch so einiges mehr. Die beiden gaben ihm schließlich nach mühsamen Nachverhandlungen achthundert.

Ein junger Mann, ein Ire, einer mit Nasenring und einem beeindruckend kleinen Rucksack, lachte, als er das hörte, und brüstete sich damit, einen einheimischen Preis bezahlt zu haben, zweihundert Rupien.

Handeln ist auch ein sozialer Akt, finde ich, und ich bin grundsätzlich bereit, mehr zu zahlen als Einheimische. Wer mehr hat, gibt einfach mehr.

Doch ich finde nicht, dass man so ausgenommen werden sollte wie das Pärchen. Es sollte Regeln geben und Anstand, Abmachungen und Worte, die gelten.

Ich schaute dem Rikschafahrer hinterher, bereit, ihn zu

verteufeln. Er bremste, stieg ab und gab der blinden Bettlerin am Straßenrand einen Schein.

Ich ging auch jeden Tag an dieser obdachlosen Frau vorbei, aber ich hatte ihr bis heute nicht mal eine Münze hingeworfen.

Eine Freude machen

An einer Straße hat ein Blinder Mundharmonika gespielt, die habe ich gar nicht gesehen, weil sie so klein war. Ich habe gesagt: Ich komme wieder nach Jamaika und bring dir 'ne große Mundharmonika mit.

Das erzählt Stefan Hentschel, und nur zwei Seiten weiter beschreibt er, wie er sein Versprechen gehalten hat. Der alte Mann heult vor Freude und Hentschel erwischt auch einen Zipfel dieses Glücks. Wahrscheinlich, weil er diese Freude bereitet hat.

Stefan Hentschel, der Zuhälter, der Mann, der in den Achtzigern ein Pate auf dem Kiez in St. Pauli war, ein Mann, für den Frauen an guten Tagen mehr als einen Tausender verdienten.

Klar, dachte ich beim Lesen, der muss sich beweisen, dass er ein guter Kerl ist. Und was macht das für den Blinden schon für einen Unterschied, woher das Geld für die Mundharmonika kommt? Und dass in Hamburg alle ein ganz anderes Bild von diesem herzlichen Mann haben?

Aber dann habe ich mich gefragt: Wie oft macht man das wohl selber? Etwas Gutes, um sich und anderen zu beweisen, dass das Gute in einem steckt. Wie sehr freut man sich, weil man Urheber der Freude ist, weil die Eitelkeit geschmeichelt wird?

Vielleicht ist es nicht oft so, aber es kommt sicherlich vor, bei dem einen mehr, bei dem anderen weniger. Ich selbst habe schon am Bett einer Todkranken gesessen in einer Zeit, als es von einigen Seiten hagelte, mein Egoismus sei kaum noch erträglich.

Die Wahrheit ist wohl: Ohne diese Vorwürfe wäre ich nicht zwei Stunden gefahren, um jemand eine Freude zu machen, den ich nur einmal gesehen hatte.

War Utas Vergnügen deswegen schmaler? Man kann nicht in die Menschen hineinsehen, sie hatte keine Ahnung. Aber selbst wenn sie eine Ahnung gehabt hätte: Wäre es nicht auch nur Egoismus, sich zu wünschen, meine Entscheidung sei nur durch sie und nichts anderes beeinflusst?

Diese ganze Welt scheint mir immer verheddert, da jeder sie anders sieht und keiner zweifelsfrei zwischen richtig und falsch unterscheiden kann, weil keiner weiß, wie sie beschaffen ist, die sogenannte Realität, die angeblich für alle gilt.

Bloß Wetter

Als ich vor einigen Jahren auf der Insel war, wollte ein Jamaikaner von mir wissen, ob ich aus Deutschland käme. Ich bejahte. Das sei doch in der Nähe von England. Ich bejahte wiederum, zögerlich. Worauf wollte er hinaus?

Ob ich ihm denn sagen könne, ob es wahr sei, was man sich so erzähle. Er habe gehört, in England müssten die Leute Geld bezahlen, um ihre Häuser zu heizen.

Ich bestätigte das Gerücht und fragte mich, ob ich irgendetwas völlig falsch anging im Leben.

Meine Cousine erzählte eine Geschichte aus den ersten Tagen ihrer Lehrerlaufbahn, als sie nervös und angespannt in der Hitze Adanas vor einem Haufen Grundschülern stand und das Fenster öffnete, um sich ein wenig Erleichterung zu verschaffen, was einen Lachanfall der Schüler zur Folge hatte, der sie nur noch unsicherer machte. Was denn los sei, wollte sie wissen. Und ein Schüler machte sie darauf aufmerksam, dass keine Scheiben in den Fenstern seien.

Die wurden dann aber bald eingesetzt.

In Rurrenabaque, Bolivien, wo ich gerade wohne, gibt es keine Glasfenster, im ganzen Dorf nicht. Möglicherweise haben die Fensteröffnungen Moskitonetze und auch Gitter als Schutz vor Einbrechern, aber eben kein Glas.

Luft und Temperatur sind drinnen wie draußen dieselbe, Geräusche dringen ungehindert in beide Richtungen, und wenn es nachts ausnahmsweise mal knapp unter zwanzig Grad sein sollte, kommt es einem vor, als sei es ungewöhnlich kühl.

Und mir fällt ein, wie mich mal ein Amerikaner gefragt hat, ob es in Deutschland Kühlschränke gibt. Und Fenster in den Häusern. Den würde ich gerne mal wieder treffen und von hier erzählen. Fenster ja, Scheiben nein.

Nix da

Rurrenabaque ist ein Kaff in Bolivien, 450 Kilometer von der größten Stadt La Paz (für die, die es genau nehmen: wenn man El Alto dazuzählt) entfernt, 450 Kilometer entsprechen in diesem Fall achtzehn Stunden mit dem Bus. Auf diesen unbefestigten Straßen gelangen die meisten Industriewaren ins Dorf.

Touristen fliegen eher, und da Rurrenabaque eine Art Basislager für Dschungeltouren ist, kommen nicht wenige hierher. Entsprechend gibt es Restaurants mit internationaler Küche, Internetcafés, ein Schwimmbad, Wäschereien und ähnliche Annehmlichkeiten.

Im Supermarkt, der sich seiner Größe bewusst *Mini Mercado* nennt, gibt es mal dies und mal das. Mal keine Milch, dann wieder keinen Käse, tagelang keinen Kaffee und nur drei Sorten Nudeln, von denen keine Spaghetti ist, Trinkjoghurt in zwei Geschmacksrichtungen, manchmal nur eine oder auch mal keinen Trinkjoghurt. Und wenn man Pech hat, sind auch die Nudeln gerade alle ausverkauft.

Vor dem Supermarkt stehen vier kleine Einkaufswagen, wenn man die vollpacken würde, hätte man wahrscheinlich das Angebot in den sechs Regalreihen um ein Fünftel reduziert.

Neben der Tür gibt es kleine Papierschilder, auf denen steht, welche Waren aus der kleinen Kühltheke gerade vorrätig sind. Wenn gerade eine Lieferung kam, sind da viele Zettel, im Lauf der nächsten Tage werden es immer weniger.

Auch auf dem Wochenmarkt macht es keinen Sinn, sich vorher zu überlegen, was man kochen möchte, vielleicht hat man Lust auf Auberginen, aber es gibt diesen Sonntag nur Möhren in Hülle und Fülle.

Man muss mit dem leben, was da ist, und ich empfinde es als eine große Erleichterung. Als ich in Deutschland im Elektroladen stand und Akkus für die Reise kaufen wollte, hat der Verkäufer mir einen Vortrag über die verschiedenen Batterien gehalten. Solche, die in einer halben Stunde aufgeladen sind, ihre Ladung trotz ein Jahr Herumliegen nicht verlieren, so und so viel Ampere bieten, Testberichte in Fachzeitungen und was weiß ich nicht noch alles. Am Ende war ich ganz verwirrt und habe irgendetwas gekauft.

Auswahl hat nichts mit Freiheit zu tun, sie erschlägt mich einfach nur und bringt mich dazu, mich mit völlig unwichtigen Sachen so weit zu verzetteln, dass ich nicht mehr weiß, was wichtig ist und was nicht.

Wenn keine Milch da ist, ist eben keine Milch da. Man wird nicht unglücklich davon. Es stört mich nicht mal. Auch auf Dauer nicht, davon bin ich überzeugt.

Gleichzeitig ist mir bewusst, dass ein Grund für den Zusammenbruch des Ostblocks die mangelnde Auswahl war.

Und das ist das Arge an der Sache: Dass all dieser Kram, mit dem sie Läden füllen, einen nicht glücklich macht, weiß man erst, wenn man ihn gehabt hat.

Aber so ist es wohl immer mit dem Glück, es ist nicht woanders oder wann anders, es ist immer schon hier, aber man sieht es nicht, weil man es in der Ferne sucht. Oder eben in den Regalen der Läden.

Kein Billy im Benin

Über die Arbeit des Deutschen Entwicklungsdienstes weiß ich nicht sonderlich viel. Unter anderem, dass er seine Mitarbeiter in Bad Honnef schult, bevor er sie in Länder schickt, mit denen er zusammenarbeitet und die auf die eine oder andere Art Hilfe benötigen.

Es gibt offensichtlich genug Menschen, die mehr Sinn darin sehen, auf einem anderen Kontinent dazu beizutragen, dass es allen besser geht, anstatt gefangen in unserer bunten Warenwelt anderen Lebensinhalten hinterherzurennen.

Sie kommen dort in Bad Honnef zusammen, erfahren viel Allgemeines, sodass sie gemeinsam unterrichtet werden können, unabhängig von ihrem Zielland, in dem sie mindestens ein Jahr verbringen werden.

Möglicherweise sucht der eine oder andere auch das Abenteuer, eines, das ihm größer erscheint als das mit dem Rucksack auf dem Rücken. Während dieser mehrwöchigen Schulung lernt man sich kennen, redet dies und das, tauscht sich aus.

Als ich über eine zuverlässige Ecke mitbekomme, dass sich jemand darüber freut, dass es in Uganda, wo er hingehen wird, einen Ikea gibt, bin ich schon leicht verwirrt.

Aber als ich dann noch erfahre, dass jemand anders, der nach Benin geht, feststellt, dass es dort keinen Ikea gibt, und von Neid gepackt wird, frage ich mich: Was haben diese Leute eigentlich vor? Was treibt sie an? Wie stellen sie sich ein Leben im Dienst der Entwicklungshilfe vor?

Dass es sich hier um eine Fehlinformation handelt und es keinen Ikea in Uganda gibt, ändert nichts, weder an der Geschichte noch an meiner Konfusion.

Ich wäre genauso ratlos, wenn ich von einem Bankräuber hören würde, der sich über die Klimaanlage der Bank freut, die er ausrauben will.

Okay, der Vergleich hinkt nicht nur, er humpelt. Zweiter Versuch: Diese Menschen kommen mir vor wie Fahrer von Rettungswagen, für die es wichtig ist, was für ein CD-Spieler in ihrem Fahrzeug eingebaut ist. Während ihnen egal sein müsste, ob da überhaupt einer ist.

Der Text hat ja einiges verursacht, unter anderem eine Mail an mich von der Person, die in den Benin gefahren war und ihren Neid auf Länder mit Ikeafilialen ausführlich begründen konnte. Mich hat gefreut, dass die Welt so klein ist und diese Kolumne offensichtlich gelesen wird. Ein anderer Leser schrieb: … in manchen Gegenden ist ein Ikeazugang im weiteren Sinn einfach Stützpfeiler der Zivilisation und Heimat. Wenn man mal Nächte auf einem von fiesen Insekten bevölkerten Sisalbett verbracht hat oder auf dem einem oder anderen afrikanischen Stuhl saß, die Alternative schreiend bunte, zu klein geratene chinesische Möbel sind, wird man für Ikeaprodukte ganz sehr dankbar. *Abgesehen davon, dass Zivilisation ja immer auf Ausbeutung von Arbeitskraft beruht und ich auch weit davon entfernt bin, auf einem Busdach sitzend in zehn Stunden zweihundertachtzig Kilometer Wegstrecke hinter mich bringen zu können, wie Einheimische es hier und da tun, verstehe ich immer noch nicht ganz die Logik dahinter, warum man bestimmte Länder attraktiv findet, die Bedingungen dort aber nicht. Zumal bei Menschen, die auf den ersten Blick nicht auf eine* kommerzialisierte Verhinderung des Reisens *aus sind, wie Ilija Trojanow die moderne Form des Wegfahrens treffend beschreibt.*

Unter uns

Dass die bolivianische Küche kaum über die Grenzen des Landes hinaus bekannt ist, hat seine Gründe. Ein komplettes Frühstück, wie es hier heißt, sind Reis, ein Spiegelei, ein gebratenes Stück Fleisch und möglicherweise ein wenig Banane oder Zwiebeln. Mittags gibt es eine Suppe aus Fleischbrühe mit wechselnden Gemüsesorten, aber gleichbleibendem Geschmack, dazu Maniok oder Kochbanane. Und als Hauptgericht Reis mit Fleisch, gebraten oder mit Gemüse zerkocht.

Abends werden die Reisreste vom Mittag in die Suppe gekippt. Oder es gibt Reis mit Fleisch.

Nicht viel Auswahl für einen Fischvegetarier, aber bevor ich verhungere oder mich wegen eines Dogmas quäle, esse ich so eine Suppe und schiebe hinterher das Fleisch beiseite oder bestelle meinen Reis auch zu Mittag mit Ei statt Rind oder Huhn.

Angenehmerweise gibt es in einem so touristisch geprägten Ort wie Rurrenabaque noch mehr Auswahl, aber da ich eh nicht so auf Pizza und Pasta stehe und nach Möglichkeit eben kein Fleisch esse, landen wir oft im *Narguila*, einem kleinen Restaurant, das von Bolivianern betrieben wird und israelische Küche anbietet: Falafel, Hommos, aber auch Sachen, die ich nicht kannte wie Ziva, Labane, Fatut, die natürlich auch auf Hebräisch auf der Speisekarte stehen.

Junge Israelis machen hier einen großen Teil der Touristen aus, und wenn wir im *Narguila* sitzen, sind wir bis auf die Bedienung nahezu immer die Einzigen, die kein Hebräisch sprechen.

An allen Tischen um uns herum sind Menschen, die nach ihrem Militärdienst endlich allen Zwängen entkommen sind und sich ein wenig so benehmen, als würde die ganze Welt ihnen gehören. Beschränkt auf dieses Lokal stimmt es ja irgendwie auch – wir sind die Fremdkörper. Auch wenn es nicht gleich auffällt, Gäste, die den Laden betreten, grüßen uns auch schon mal mit *Shalom*.

Aber während wir es uns dort schmecken lassen, frage ich mich, wieweit diese Leute von deutschen Mallorcaurlaubern entfernt sind, die auch in der Fremde ihre Currywurst oder Erbsensuppe, ihr Kassler oder ihr Sauerkraut haben wollen, eine vernünftige Speisekarte auf Deutsch und jeden Tag die gewohnte Zeitung.

Oder anders: Ich bin verdammt froh, dass ich kein Israeli bin, dann hätte ich nämlich Hemmungen, drei Abende die Woche hier zu essen. Ich würde mich fremdschämen für meine Landsleute, die jederzeit eine gute alte Coca-Cola einem frischen Fruchtsaft vorziehen und stets in lärmenden Horden auftauchen.

Das Gefühl, nicht dazuzugehören, ist mir so vertraut, dass ich mich schon richtig zu Hause fühle im *Narguila*.

Zurück in die Warenwelt

Von Köln aus nach La Paz, Bolivien, zu fliegen, immerhin mein erstes Mal Südamerika, war ein geringerer Kulturschock, als nach sechs Wochen in Rurrenabaque zurück nach La Paz zu kommen. Vom Dorf in die Stadt.

In Deutschland war ich schon in Dörfern mit unter 500 Einwohnern, ich war in Käffern, in denen es nicht nur kein Internetcafé, sondern nicht mal einen Bäcker gab. Doch es war immer alles in Reichweite, zehn, zwanzig Minuten mit dem Auto oder der Bahn und man hatte ein riesiges Warenangebot. Höchstens eine halbe Stunde trennt dich von vollen Regalen, Kino und Vergnügungsangeboten.

Rurrenabaque hat ungefähr dreizehntausend Einwohner, ist aber achtzehn Busstunden von La Paz, der nächsten nennenswerten Stadt, entfernt. Die Straßen sind breit und es gibt so wenig Autos, dass man nicht mal parken braucht. Man kann einfach stehen bleiben und aussteigen und sich sicher sein, dass man den Verkehr kaum behindert.

Die größte Menschenansammlung kann man sonntags auf dem Markt sehen, und selbst dort wird es nie wirklich eng.

Selbst wenn du vorhättest, in Rurrenabaque viel Geld auszugeben, du würdest kaum dazu kommen, weil das Angebot eingeschränkt ist.

Da achtzehn Stunden Busfahrt uns zu lang erschienen, sind wir geflogen, von diesem Flughafen, dessen einzige Start- und Landebahn nicht betoniert ist, sondern eine holprige Grasfläche. Was dazu führt, dass bei Regen alle Flüge abgesagt werden müssen.

Als wir eine knappe Stunde später in La Paz waren, fühlte ich mich wie ein Eremit, der gerade einen Albtraum hat: Überall Autos, Menschen, Leuchtreklamen, Fahrer im Geschwindigkeitsrausch, Restaurants, Kinos, Eisdielen, Hochhäuser, noch mehr Menschen, Hupen, quietschende Bremsen, zu viele Farben, überfüllte Minibusse, an jeder Straßenecke die Möglichkeit Geld auszugeben, Verkäufer, die dir etwas aufschwatzen wollen, Schilder, die einladen, Werbesprüche, die versprechen, die so tun, als könne man Befriedigung kaufen.

Man weiß, dass man es nicht kann, aber wenn man es hundertzwanzig Mal am Tag liest und hört, fragt man sich automatisch irgendwann: Oder etwa doch?

In La Paz erst wird mir klar, wie gut ich dem täglichen Irrsinn entkommen war. Wie weit ich weg war von dem, was ich sonst so als meine Welt betrachte. Die eine hat nicht mehr oder weniger Realität als die andere, glaube ich.

Zwei Nächte später geht mein Rückflug, zwei Taxifahrten, fünf Flughäfen, zwei Bahnhöfe und vierzig Stunden später bin ich zu Hause in einer noch bunteren Warenwelt und frage mich, wieso man das Leben, das man führt, eigentlich so ernst nimmt, wenn man auch ganz gut mit einem anderen klarkommt.

Tage und die Schwanzgröße

An einer roten Ampel habe ich einige Tapes zurück in ihre Hüllen getan, als es hinter mir hupte. Als ich hochschaute, war schon grün, aber auch auf der Fahrspur neben mir war das erste Fahrzeug noch nicht losgefahren.

Während ich Gas gab, sah ich in den Rückspiegel. Im Golf hinter mir saß eine Frau mit Sonnenbrille und regte sich sichtlich auf. Ich zog die Schulter hoch, schüttelte leicht den Kopf und kehrte eine Handfläche nach oben, was zusammen mit meinem Gesichtsausdruck heißen sollte: Hey, das sind nur zwei, drei Sekunden gewesen, kein Grund für schlechte Laune.

Sie überholte mich rechts, und als sie vor mir war, zeigte sie mir den Mittelfinger, was mich zum Lachen brachte.

An der nächsten Ampel stand sie dann vor mir, wie es im Stadtverkehr halt so ist, es macht kaum einen Unterschied, wie du fährst, du bist meist nicht bedeutend schneller am Ziel.

Ich starrte in ihren Rückspiegel, konnte wegen ihrer Sonnenbrille aber nicht erkennen, ob sie mich ansah. Dass sie nun genau ein Auto weiter war, belustigte mich und ich habe doof gegrinst.

Sie hob die rechte Hand und zeigte mir mit Daumen und Zeigefinger eine kleine Spanne, die sich wohl auf meine Schwanzgröße bezog. Was mich wunderte. Ich dachte, man sagt Männern mit dicken Schlitten nach, dass sie etwas kompensieren wollen, Männern, die es eilig haben, ihr teures Markenprodukt von hier nach da zu bringen, die unbefriedigt bleiben, wenn sie die Lichthupe nicht benutzen können, die frustriert mit dem Blinker links auf der linken Fahrspur der Autobahn sind und denen die 160 Stundenkilometer, die ihr Vordermann fährt, viel zu langsam sind.

Ich hingegen saß in einem schäbigen Fiesta und hatte zwei Sekunden einer grünen Ampel verpennt.

Manche Erklärungen sind einfach und diese ganzen Intellektuellen verkomplizieren die Sache völlig unnötig. Aber das Weltbild von Menschen, die glauben, alle Probleme rührten daher, dass Männer kleine Schwänze und Frauen ihre Tage haben, ist so kolossal eng, dass ich mich frage, ob bei diesen Leuten irgendwann mal irgendetwas weit werden kann. Das Herz zum Beispiel. Oder auch nur der Blick.

Zurück zum Meeresgrund

Die Sprache ist voller Metaphern, die so alltäglich sind, dass man sie kaum mehr wahrnimmt, Tischbein, Gehirnwäsche, Flaschenhals, Kabelsalat und auch das Hochklappen der Bürgersteige gehört dazu. Diese Bilder werden von Menschen, die in einem alltäglichen Gespräch keinen Zweifel an ihrer Bildung lassen wollen, Katachresen genannt, verblasste Metaphern.

Auch solche Menschen fragen mich schon mal gerne nach meinen Wurzeln. Es ist sowieso eine Frage, mit der man häufig konfrontiert ist, wenn irgendwo ein anderer kultureller und/oder ethnischer Hintergrund vermutet wird.

Aber nicht nur in meiner Position wird man zur Pflanze. Auch Pädagogen gebrauchen bei Kennlernspielen gerne diese Metapher: Wenn du ein Baum wärst, was wären deine Wurzeln, was dein Stamm, was deine Äste, was deine Blätter?

Und es wird fast immer geantwortet, nahezu niemand kommt auf die Idee zu sagen: Wie jetzt? Was soll das denn für ein Vergleich sein? Baum, Wurzeln … Also bitte.

Der Mensch zeichnet sich dadurch aus, dass er keine Wurzeln hat, sondern zwei Beine, mit denen er sich frei im Raum bewegen kann. Er hat einen Mund zur Nahrungsaufnahme und kann ohne Regen überleben. Der Mensch spendet keinen Schatten, in dessen Kühle sich andere Lebewesen ausruhen könnten, und er hat auch keinen Stamm, an dem sich Bären oder Schweine reiben könnten.

Er ist durchaus in der Lage zu überleben, wenn man ihn von seinen vermeintlichen Wurzeln trennt, wie unzählige Völkerwanderungen und jüngste Migrationsbewegungen gezeigt haben, die Vereinigten Staaten Amerikas nicht zu vergessen.

Diese Wurzelmetapher wird allzu häufig bemüht, ohne dass man sich fragt, ob dieser Vergleich wirklich greift.

Ich werde die Sprache nicht ändern, aber einen Vorschlag hätte ich schon. Alles Leben kommt aus dem Wasser, wie wir wissen. Schiffe können sich dort frei bewegen, wie wir auf dem Land.

Wenn wir uns umblicken und auf unser Leben zurückschauen, gibt es da zwar etwas, das wir Weg nennen könnten, aber letztlich verblassen unsere Spuren mit der Zeit wie Kielwasser. Und wenn wir nach vorne schauen, versuchen wir zwar, eine Richtung vorzugeben, aber letztlich scheinen wir mächtigeren Kräften, möglicherweise Stürmen, ausgeliefert und sind deswegen häufig mit Kurskorrekturen beschäftigt.

Mal geht es schnell vorwärts, dann wiederum sieht es nach Stillstand aus, wir versuchen uns zu orientieren und am Steuerrad eine Richtung zu halten.

Falls dein Vater stirbt, deine Frau dich verlässt, dein bester Freund dich hintergeht, du das Gebiet verlassen musst, das du mal Heimat genannt hast, hast du keine Ahnung, wie es ist, entwurzelt zu sein: Du kippst nicht einfach um und stirbst an Ort und Stelle

Aber du weißt, wie es ist, den Wirrnissen des Lebens hilflos preisgegeben zu werden, weil du jeglichen Halt verloren hast, den dieser Ankerplatz dir geboten hatte.

Bis du einen neuen Platz findest, an dem du einen Anker auswerfen kannst, einen anderen Hafen, eine andere Bucht oder jemanden, mit dem man sich auf dem offenen Meer verbindet, weil es schöner ist, gemeinsam den Wellen ausgeliefert zu sein.

Menschen haben keine Wurzeln, keinen unveränderlich festen Halt, keine Blätter, die im Wind rauschen. Die meisten Menschen sitzen in Booten, auf Flößen und Dampfern, auf Schiffen und Tankern. Und manchmal geht es ihnen wie einem Kanu im Wald: Man kommt nicht vorwärts, aber man geht auch nicht unter.

Pump up the volume

Ab und zu leite ich Schreibwerkstätten mit Schülern, in der Regel eine schöne Beschäftigung, weil man die Gelegenheit hat, mit Menschen zu arbeiten, anstatt ihnen wie bei einer Lesung etwas vorzutragen.

Während ich normalerweise mit Schülern ab vierzehn Jahren aufwärts arbeite, hatte ich in den letzten Schreibwerkstätten Hauptschüler zwischen zehn und dreizehn Jahren, die sehr unruhig waren.

Um Autorität und Ruhe zu wahren, gibt es verschiedene Methoden. Man kann mit Sanktionen drohen, Rausschmiss, Petzen beim Lehrer, Direktor, Auswirkungen auf die Deutschnote. Man kann persönlich werden, wie ich das bei einigen Lehrern schon beobachtet habe: Bist du eigentlich zu doof, um zu verstehen, was ich meine, wenn ich Ruhe sage?

Liegt mir beides nicht und mangels besserer Ideen versuche ich es einfach mit Lautstärke, was auch ganz gut funktioniert. Ich rege mich nicht auf, es ist ein bewusst eingesetztes Mittel und bisweilen habe ich ein perverses Vergnügen daran, einfach mal zu brüllen, was die Stimmbänder so hergeben. Wann macht man das schon mal? Doch es ist ein Vergnügen, auf das ich lieber verzichten würde, wenn es denn anders ginge. So schreie ich ein-, zwei-, dreimal in der Stunde, um die nötige Ruhe herzustellen.

In einer Pause kam bei meiner letzten Schreibwerkstatt ein Schüler auf mich zu. Zwölf Jahre, pausbäckig, mit Brille und Sommersprossen.

- Wir brauchen einen Lehrer wie Sie, sagte er.

- Was meinst du damit?, wollte ich wissen.

- Einen, der sich Respekt verschaffen kann.

Und dann fügte er hinzu:

- Können Sie unserer Lehrerin nicht beibringen, auch so zu brüllen wie Sie?

Augenwischerei

Die Idee geht wohl auf Baudrillard zurück, den ich selber nicht gelesen habe. Er behauptet, dass Disneyland auch deswegen als etwas bewusst Imaginäres existiert, um behaupten zu können, der Rest der Vereinigten Staaten wäre real. So wie der Watergate-Skandal nur dazu benutzt wurde, die Leute glauben zu machen, solcher Machtmissbrauch wäre ein Einzelfall und würde aufgedeckt werden. Man kann von solchen Theorien halten, was man will.

Dummy ist ein Magazin, das sich in jeder Ausgabe einem anderen Thema widmet, Revolution, Glauben, Sex, Frauen, Türken, Juden, Fußball, Liebe, Tiere, Spaß, Verbrechen und noch einige mehr.

Das nächste Heft sollte sich mit Schwarzen beschäftigen und *Neger* heißen. Dass das Diskussionen geben würde, hat man wohl geahnt, aber nicht, dass der Druck so groß werden würde, dass man sich entscheidet, das Heft doch noch anders zu nennen.

Doch man kann noch so neue und gute Begriffe finden, die nicht im Verdacht stehen, rassistische Assoziationen hervorzurufen, an einem vorhandenen Rassismus ändert das nichts. Die Fakten ändern sich nicht, wenn man sie anders benennt. Ein Wort wie *Maximalpigmentierter* will einen freikaufen vom Verdacht des Rassismus, so wie Watergate die Politik freikaufen möchte vom Verdacht der Korruption.

Schon oft habe ich mich gefragt, warum es außerhalb des Sports keine maximalpigmentierten Weltstars gibt. Im Sport ist die Sache klar, da gibt es nichts zu diskutieren,

Qualität ist messbar. Die Messbarkeit geht im Kulturbereich verloren und man wird lange suchen müssen, um schwarze Prominente zu finden, deren Bekanntheitsgrad mit dem der Beatles konkurrieren kann, wahlweise auch Elvis, den Rolling Stones, Paulo Coelho, Hemingway oder was weiß denn ich. Und komm mir jetzt bitte niemand mit Bob Marley, dessen Vater weiß war, oder mit irgendwelchen blinden Sängern, die eher unter Musikern groß sind als beim Publikum und deren kulturhistorische Bedeutung im Auge der Öffentlichkeit eher gering ist.

Rassismus existiert. Bist du zu dunkel, gibt es im Kulturbetrieb keinen Weg nach ganz oben. Die Menschen wollen so viel schwarz nicht sehen, milchkaffeebraun geht noch in Ordnung.

Man kann auch anders argumentieren, das ist mir wohl klar, aber ich habe den Eindruck, diese Wortfindungsdebatten sollen eine Realität verschleiern, die dahinter liegt. Und verschleiert werden muss. Die Tatsache, dass so viel darüber debattiert werden muss, zeigt eigentlich schon, dass man etwas zu verbergen hat.

Ein Text, der geschrieben wurde, bevor – milchkaffebraun geht klar – Obama Präsident wurde. Ein Text, der mir heute so vorkommt, als hätte ich da einen ganz guten Ansatz verschenkt. Ich habe ja selber mitbekommen, wie ich vom Gastarbeiterkind zum Ausländer und Türken geworden bin, dann vom Moslem zum Menschen mit Migrationshintergrund, der nicht in der Mehrheitsgesellschaft angekommen ist. Ich habe ja mitbekommen, wie das wertfrei scheinende Wort Parallelgesellschaft *eingeführt wurde, um nur eine bestimmte Art von Parallelgesellschaft zu beschreiben, ohne gleich irgendwie in Verdacht zu geraten, man würde mit unzulässigen Verallgemeinerungen operieren. Ich habe ja mitbekommen, wie soziale Probleme ethnisiert wurden, aber die Worte in erster Linie dazu dienen, diese Ethnisierung zu ver-*

bergen. Während man in der Bäckerei nicht Negerkuss *sagen darf, war der Weg von* Menschen mit Migrationshintergrund *zu* Dönermorde *dann letztes Jahr nicht weit, und die Kolumne sollte vielleicht* Ablasshandel mit Worten *heißen anstatt* Augenwischerei.

Nichts gegen Nazis

Wahrscheinlich hat es damit zu tun, dass ich in Deutschland lebe und noch nie von Skins aufs Maul bekommen habe, aber ich habe keine Angst vor rechten Gruppierungen. Sie spielen kaum eine Rolle in meinem Leben, und ich kann selten wirklich nachvollziehen, warum so sehr auf diesem Thema rumgeritten wird.

Vor einigen Tagen bekam ich elektronische Post von einem Mann, der *Die Tochter des Schmieds* gelesen hatte und es ein wenig loben wollte. Als ich reagierte, schickte er mir einen seiner Texte, einen längeren, fast zwanzigseitigen.

Manchmal bekomme ich den Eindruck, jeder, der einen Stift halten kann, hält sich für einen Autor und findet einen anderen Autor, den er mit seinen Worten behelligen kann, aber das ist eine ganz andere Geschichte.

Ich las den Text bis zum Ende, mein Erstaunen und meine perverse Faszination ließen nicht nach, obwohl ich nach vier Seiten ahnte, dass sich nicht mehr viel ändern würde. Der Erzähler findet in seinem Türkeiurlaub kaum einen Zugang zur Kultur, was ihn aber nicht davon abhält, einige äußert gewagte Pauschalurteile zu fällen und nebenbei auch noch zu erklären, wie man so einige der kleineren Probleme des Landes lösen könnte. Jeder liest anders, aber in meinen Augen wurde eine eindeutig imperialistische und rassistische Haltung deutlich.

Der Erzähler, der mit seiner türkischen Frau im Land ist, berichtet, dass er nie dorthin gefahren wäre, wenn es nach ihm gegangen wäre, aufgrund eines alten Schwurs der Linken: Keine Devisen für faschistische Staaten.

Der Erzähler hält sich für einen Linken, und auch der Autor würde sich wohl politisch nicht zum rechten Lager zählen, sonst hätte er wohl kaum Kontakt mit mir aufgenommen.

Und das sind die Menschen, die mir wirklich Angst machen. Gebildete Leute, die jeden Vorwurf der Fremdenfeindlichkeit weit von sich weisen, aber nicht das geringste Gespür dafür haben, was da an Pauschal- und Vorurteilen aus ihnen herauspurzelt. Aber würde man die eigene Ignoranz bemerken, wäre sie keine mehr.

Und am schlimmsten sind die, die es nur gut meinen, und unter denen die, die nur helfen wollen. Und die auch auf Zuruf nicht merken, dass sie aus denen, denen sie helfen wollen, am liebsten Hilfsbedürftige machen.

Ich habe keine Angst vor rechten Gruppierungen, ich habe nur Angst vor diesen ganzen Rechten, die glauben, keine zu sein, all diese wohlmeinenden Halbintellektuellen, die selbstredend gegen Nazis sind. Das gehört heute dazu, das ist nahezu jeder, aber damit ist gar nichts erreicht.

Ich, die Leser, Tucholsky und die Arroganz

Man will ja nicht undankbar erscheinen, aber hin und wieder muss ich an dieses Zitat von Tucholsky denken: *Ein Leser hat's gut: Er kann sich seine Schriftsteller aussuchen.*

Hin und wieder gerate ich an Menschen, bei denen mir lieber wäre, sie würden sich anderen Autoren zuwenden. Aber dann wiederum sind Bücher öffentlich und jemand, der über seine Leserschaft jammert, sollte sich vielleicht überlegen, ob er nicht im falschen Beruf feststeckt. Oder wie Marcus Wiebusch von Kettcar mal sagte: *Du kannst tun, was du willst, ab vierhundert Leuten pro Konzert hast du immer auch die Idioten mit dabei.*

Ich würde die Zahl ja niedriger ansetzen.

Und nicht weiter darüber nachdenken, einfach weitermachen, nicht klagen und jammern und sich an den schönen Dingen freuen, die Schreiben mit sich bringt.

Doch manchmal wird man gezwungen.

Ich bekam diese Mail, wo mir jemand vorschlug, ich solle mir doch überlegen, ob ich nicht doch mal mein Studium zu Ende bringen soll, sei es als Fernstudium, sei es nur, damit es in meiner Biografie besser aussieht.

Ich bin nun 37, hatte noch nie eine Festanstellung und auch sonst keinen einzigen Job, der sich in einem Lebenslauf gut machen würde. Und wie Chakuza sagt: *Ich muss niemand was beweisen, nur essen, schlafen und irgendwann mal scheißen.*

Auch ich habe manchmal Existenzängste, aber ich glaube nicht, dass ein Diplom daran etwas ändern würde.

Ich schrieb der Dame zurück, ich fände ihren Vorschlag vermessen und arrogant.

Und sie schrieb mir zurück, überhaupt nicht verärgert, soweit ich das aus ihrem Ton schließen konnte: Wenn Sie mich kennen würden, wüssten Sie, dass das Wort Arroganz nicht auf mich angewendet werden kann.

Sie ist Deutschlehrerin.

Und ich verstehe Tucholsky.

Von beiden Seiten

Es gibt diese alte Geschichte von dem Fischer, der am Strand döst, und ein Urlauber fragt ihn, warum er denn nicht draußen sei. Er habe heute schon gefischt. Aber er könne ja mehr fischen. Und dann?, will der Mann wissen. Die Fische verkaufen. Und dann? Geld sparen, größeres Boot, Angestellte, mehr Boote, eigenes Unternehmen, Villa, Jacht, Pool, Privatjet. Auf jedes *Und dann?* des Fischers lässt der Urlauber ihn noch einige Stufen auf seiner imaginären Leiter erklimmen.

Bis ihm zum Schluss nichts mehr einfällt und er sagt: Dann kannst du dich sorgenfrei an den Strand legen und die Sonne genießen.

Warum dann all die Mühe, will der Fischer wissen, das habe ich doch jetzt schon.

Und es gibt die Geschichte dieser bolivianischen Bäuerin, die auf dem Markt ihre knapp drei Dutzend Zitronen vor sich ausgebreitet hat. Ein Mann fragt nach dem Preis.

- Fünf für einen Boliviano, sagt die Frau.

- Dann gib mir für sechs Bolivianos.

- Nein, so viele kann ich dir nicht verkaufen.

- Wir machen Limonade für die Gäste heute Abend, ich brauche Zitronen.

- Ja, aber so viele kann ich dir nicht geben.

- Aber warum denn?

- Was soll ich dann den Rest des Tages machen?

Hank Williams wusste es, Jim Morrison wusste es, wir alle wissen es eigentlich, es gibt kein Entrinnen, man kommt hier nicht lebend raus.

Aber dann wiederum ist vieles, was uns umgibt, erst mal nur eine Idee im Kopf eines Menschen gewesen und hat dann erst in die Realität gefunden.

Manchmal träume ich, ich träume einfach ganz groß und unmöglich. Wer weiß schon, welche Wunder geschehen und welche nicht?

Ich stelle mir vor, ein Drittel der Leute wäre so wie dieser Fischer und ein Drittel der Leute wäre wie die Bäuerin.* Wir würden das System von zwei Seiten in die Zange nehmen und wir würden es in die Knie zwingen, Babylon würde fallen.

* *Ein weiteres Drittel wäre vielleicht wie dieser Laote, der ganz dringend sein Schwein verkaufen wollte, für zwölfeinhalb Dollar.*

- Aber wieso denn, fragte ihn ein Deutscher Entwicklungshelfer, das Schwein ist doch mindestens das Doppelte wert.

- Ja, aber mit zwölfeinhalb könnte ich meine Arztrechnung begleichen.

Man gewöhnt sich dran

Manchmal kommt man aus dem eigenen Alltag ganz heraus, sei es, dass man in den Urlaub fährt, sei es, dass man im Krankenhaus liegt, bei einer Kur ist, einem mehrtägigen Seminar, selbst ein kurzer Aufenthalt im Gefängnis kommt wahrscheinlich aufs selbe raus.

Wenn man dann zurückkommt in sein normales Leben, ist man ganz verwundert, wie wenig Zeit darin offensichtlich vergangen ist. Und wie gut die Dinge ohne einen funktioniert haben.

Bei manchen reicht schon eine Woche irgendwo, wo man mit anderen Scheinen und Münzen bezahlen musste, und sie haben den Eindruck, diese Euros seien Falschgeld. Nach längerer Zeit stellt sich diese Empfindung bei jedem ein.

Obwohl man doch jahrelang mit genau diesem Geld hantiert hat.

Vielleicht erscheint einem das wichtig und richtig, was man nur lange genug tut.

Man spielt eine Rolle immer wieder und wieder, bis sie einem vorkommt wie das eigene Leben. Und wenn man dann auf einmal ein anderes Leben hat, spielt man halt eine andere Rolle. Bei der anderen Rolle merkt man oft, dass sie nicht das wahre Leben ist. Aber vielleicht ist das ja nur so, weil man sie nicht lange genug spielt.

Wenn ich mich recht erinnere, gibt es in *Außer Atem* eine Szene, in der Valérie Kaprisky zu Richard Gere sagt, ihre Affäre sei eine Urlaubsgeschichte in Mexiko gewesen, aber das hier sei das richtige Leben. Und Richard Gere entgegnet, nein, Mexiko sei das richtige Leben, das hier würde nicht zählen.

Wie will man herauskriegen, wer von beiden recht hat?

Natürlich können die wenigsten von uns ein Leben im Urlaub verbringen, aber offensichtlich bestimmt fast ausschließlich die Länge der Erfahrung, wie sehr wir bereit sind, sie als das richtige Leben anzusehen.

Vielleicht gibt es einfach nicht das richtige Leben, sondern nur das, an das man sich ausreichend gewöhnt hat. Und das hält man dann für wichtig. Unter anderen Umständen würde man etwas völlig anderes für wichtig halten.

So wie ich jahrelang getrunken habe und mich Menschen, die in einer Kneipe alkoholfreie Getränke bestellten, befremdet haben. Was wollten die eigentlich hier? Ich mochte es, gegen Abstinenzler zu wettern und Pauschalurteile über sie und ihren Stock im Arsch abzugeben, über ihr spaßfreies, risikoarmes, langweiliges Leben.

Trinken erschien mir wichtig, es schien eine Haltung zu sein, und wahrscheinlich war es das auch.

Heute habe ich schon so lange nicht mehr getrunken, dass es mich manchmal befremdet, wenn Menschen, mit denen ich ein Gespräch führe, nebenbei vier, fünf, sechs Bier trinken.

Aber zumindest bin ich mit meinen Urteilen vorsichtiger geworden.

Es ist wohl bei allem so, man gewöhnt sich an die Dinge, die man regelmäßig tut, und bastelt sich dann erst einen theoretischen Unterbau, der plausibel zu erklären scheint, warum man diese Sachen macht.

Man gewöhnt sich daran, seine Möglichkeiten und die Welt begrenzt zu sehen.

Was ist auf dem Foto?

Nigel Barley, ein britischer Ethnologe, hat einige Zeit bei den Dowayos verbracht, einer Volksgruppe in Kamerun, die nur begrenzten Kontakt mit dem hat, was wir Zivilisation nennen.

Barley muss die Sprache der Dowayos erst mühsam lernen, und im Lauf seiner Forschung ergibt sich für ihn das Problem, dass er bei einem bestimmten Wort im Zweifel ist, ob es Löwe oder Leopard bedeutet.

Als ihm einige Ansichtskarten mit Motiven aus der afrikanischen Tierwelt in die Hände fallen, glaubt er, der Lösung nahe zu sein. Und stößt auf ein weiteres Problem. Die Dowayos sind nicht in der Lage, auf den Fotos etwas zu erkennen: „Die alten Männer starrten auf die Abbildungen, die ganz unmissverständlich waren, drehten sie hin und her und sagten dann, ‚den Mann kenne ich nicht' oder etwas Ähnliches."

In ihrer Kultur gibt es keine Abbildungen des Sehsinns, ihre Kunst beschränkt sich auf einige geometrische Muster, also haben sie nie gelernt, etwas auf Abbildungen wiederzuerkennen.

Das ist schwer zu glauben, aber ich nehme an, Nigel Barley könnte sich so etwas kaum ausdenken, weil wir nie auf die Idee kämen, man könnte auf Fotos nichts ausmachen.

Schließlich kauft er auf einem Markt Leopardenkrallen und Löwenschwänze und kann mit deren Hilfe sein sprachliches Problem lösen.

Dan Everett, ein ehemaliger Missionar, der ein Buch über seine Zeit bei den Pirahã im brasilianischen Urwald geschrieben hat, berichtet von demselben Problem. „Oft halten sie Bilder falsch herum oder auf den Kopf gestellt, und dann fragen sie mich, was sie da sehen sollen", schreibt er.

Wir leben in einer zweidimensional geprägten Welt, Bilder, Bücher, Nachrichten, Kino, Monitore haben keine räumliche Tiefe. Die meisten Informationen, die wir verarbeiten, sind bestenfalls aus zweiter Hand, man erlebt selber eher wenig im Vergleich zu dem, was man so erzählt bekommt. Vielleicht kommt einem das Leben hier deswegen schon mal so flach und leer vor.

Leute, die ihrem Leben ein wenig Größe verleihen wollen, ein wenig Glamour und Ruhm, die wollen ins Fernsehen, in die Zeitschriften, sie wollen unbedingt etwas gelten in der zweidimensionalen Welt, vielleicht auch in der Hoffnung, es würde ihnen helfen in ihrem anderen Leben, das Tiefe hat, auch wenn es vielleicht bei manchen von Weitem nicht so aussieht. Nichts ist so, wie es aussieht, es sieht nur so aus, weil man gelernt hat, es so zu sehen.

Und dann werden aus diesen zweidimensionalen Objekten Idole und man eifert ihnen nach, als sei es wünschenswert, sein Leben als Poster in einem Zimmer zu verbringen.

Aber egal, was man gelernt hat, als Abbildung sieht unsere Welt sicher so aus, dass man nix darauf erkennen kann, es ergibt einfach keinen Sinn, man fragt sich, was soll das darstellen, einen Kerker, einen alles verschlingenden Drachen, eine Demokratie, eine Wachstumsmaschine, ein Laufrad, eine Bedürfnis generierende Anstalt, ein Irrenhaus voller Verliebter, einen Leoparden, eine Frau, die ihr Kind schlägt, eine Regenzeit in der Hölle?

Der einzige Weg raus ist Gelächter.

Wohin mit dem Geld?

Súa ist ein kleines Fischerdorf im Norden Ecuadors mit einigen Hotels, drei oder vier Strandbars und einer wenig gepflegten Plaza, die überflüssig erscheint, da man sich eh lieber am Strand aufhält. Früh morgens fahren die Fischer mit ihren Holzbooten, die von einem kleinen Außenbordmotor betrieben werden, raus und kommen einige Stunden später mit den Fängen des Tages zurück.

Später sitzen sie oftmals im Schatten, schauen aufs Meer heraus, dösen, vertrödeln ihre Zeit. Vielleicht wissen sie, dass Arbeit immer noch mehr Arbeit macht und ein schönes Leben unabhängig davon ist, was man mit Arbeit alles erreichen kann. Aber wahrscheinlich machen sie sich nicht mal solche Gedanken.

Im Restaurant sitzt eine mehr als stämmige Frau am Nebentisch, schaut aufs Meer, während sie langsam isst, und ist verwundert, dass wir nicht auch noch eine Suppe vor dem Mittagessen nehmen. Viel mehr hat sie uns nicht zu sagen. Sie sitzt da, als würde sie zur Landschaft gehören, und wir werden bald wieder weg sein.

Alles ist ein wenig träge, beschaulich und angenehm entspannt.

Aus dem Hotelzimmerfenster sieht man den kaum zehn Meter entfernten Strand, kein Gebäude hat mehr als drei Stockwerke, schwimmen, liegen, lesen. Außer uns noch sechs oder acht andere Touristen.

Es ist ja einfach, sich gut zu fühlen, weil man gerade etwas getan hat, das einen befriedigt, ein Ergebnis produziert hat. Es ist schwerer, sich gut zu fühlen, wenn man so unproduktiv ist. Ich übe gerne und meistens erfolgreich.

Und ich staune oft, weil ich nicht den geringsten Schimmer habe, wie diese Welt funktioniert, und einfachste Dinge mein Vorstellungsvermögen übersteigen.

In Súa gibt es öffentliche Mülleimer, viel mehr als in den meisten anderen ecuadorianischen Orten, die ich gesehen habe, orangefarbene und grüne.

Ein Projekt, das von der EU finanziert worden ist, wie man auf den Behältern lesen kann.

Ich kann es mir nicht vorstellen, die Erklärung mag einfach sein, aber ich kann mir einfach nicht vorstellen, wer wie wo warum auf diese Idee gekommen ist, und ich kann nicht begreifen, warum man mit EU-Geldern Mülleimer in Súa sponsert. Meine Fantasie versagt, wenn ich mir Menschen in einem Gremium in einer europäischen Stadt vorstellen soll, die über solche Dinge entscheiden.

Es passiert oft und ich mag es gerne, meine Imagination scheitert immer wieder angesichts einer Welt, die voller Wunder ist.

Bayern München von Taschkent

Auf Che Guevaras Mütze prangt nicht ein roter Stern, sondern das Wappen eines Fußballvereins: Barcelona. Im Bus, auf der Straße, in kleinen Restaurants, auf T-Shirts, immer und überall: Barcelona. Es gibt sogar ein Eis, das so heißt, von Pingüino, der Schwestermarke von Langnese.

Es ist keine Frage, wer hier der Verein mit den meisten und fanatischsten Anhängern ist.

Was nicht weiter verwunderlich wäre, würden wir nicht seit einigen Tagen durch Ecuador fahren.

Ich habe keine Ahnung von Fußball, habe aber schon festgestellt, dass es ein verbindendes Element sein könnte. Wenn man in einem fernen Land sagt, dass man aus Deutschland kommt, werden einem oft Namen genannt, die assoziativ mit diesem Land verbunden sind. Häufig Hitler. Aber eben auch die Namen von Fußballern. Die mir zu oft nur vage bekannt vorkommen und mir nicht die Möglichkeit geben, ein Gespräch anzuknüpfen. Oder gar mit Namen von bekannten einheimischen Stürmern zu kontern.

Es wundert mich, dass ein europäischer Verein in Ecuador so viel Ansehen genießt und offensichtlich so eine große Fanschar hat. Vielleicht spielt ja ein bekannter ecuadorianischer Spieler dort, versuche ich mir das Ganze zu erklären.

An den Straßenecken werden schwarz gebrannte DVDs verkauft. Und um einen kurzen Ausflug zu machen: In der Türkei gibt es auch Raubkopien von Büchern auf der Straße zu kaufen und ich hätte nichts, aber wirklich nichts dagegen, wenn ich mal die türkische Version von *Die Tochter des Schmieds* dort sehen würde.*

In Bolivien sind die verkauften Filme ausschließlich ausländische Produktionen, weil es illegal ist, einheimische Produktionen schwarz zu brennen und zu verkaufen, und weil es eine Strafe dafür gibt, erklärte uns eine Verkäuferin vor Kurzem.

In Ecuador gibt es dieses Problem offensichtlich nicht, und wir kaufen ein Roadmovie, das quer durch das Land führt.

Die Fußballinteressierten haben das Ende möglicherweise schon erraten. Für uns löst sich beim Schauen des Filmes das Barcelona-Problem: Es gibt in Ecuador einen Fußballverein, der FC Barcelona de Guayaquil heißt. Und ein fast identisches Wappen mit dem FC Barcelona aus Spanien hat.

Dass der Verein Anfang des letzten Jahrtausends von katalanischen Auswanderern gegründet wurde, wie ich später im Netz herausfinde, schmälert mein Erstaunen nicht. FC Barcelona de Guayaquil. Vielleicht gibt es auch ein Athletico Madrid de Lima, Manchester United from Kingston, Arsenal London Mumbai, Dynamo Dresden Damaskus. Vielleicht sollte ich mich doch mal mit Fußball beschäftigen.

* *Ist dann tatsächlich passiert. Eines Tages rief meine Mutter an und sagte, es gäbe auf dem Markt* Die Tochter des Schmieds *als Raubkopie. Hast du eine gekauft?, wollte ich wissen. Sie verneinte. Dann kauf eine, ich will unbedingt eine haben. Und bei all dem ist Raubkopie natürlich das falsche Wort, das Anfertigen einer Kopie kann man nicht als Raub bezeichnen, es ist keine gewaltsame Entwendung.*

Fast erwachsen

Baños ist ein Touristendorf in Ecuador, zu dem in unserem Reiseführer* Sätze stehen, die mich belustigen, wie zum Beispiel: *Nicht wenige ausländische Besucher ziehen Klima und Gelassenheit des Fünfzehntausend-Seelen-Städtchens in ihren Bann, sodass sie länger als geplant verweilen, vielleicht in die Sprachschule gehen oder Salsa lernen, Postkarten schreiben oder gleich ein ganzes Buch.*

Gleich ein ganzes Buch. Na klar.

Zum Café Ali Cumba steht dort: … *der absolute Hammer sind die ofenfrischen Muffins.* So was möchte ich eigentlich nicht in einem Reiseführer lesen, und Menschen, die in fremden Ländern nach Muffins, Pizza, Fritten, Hamburgern, Nutella und Zwiebelrostbraten Ausschau halten, finde ich meistens mehr als seltsam.

Wenn ich einen guten Muffin bekomme, esse ich ihn dennoch, verstehen wir uns nicht falsch, aber er trägt einfach nicht zur Qualität der Reise bei. Und ich würde ihn auch nie erwähnen.

Einige Schritte vor diesem Café fängt uns eine europäisch aussehende Frau Ende vierzig mit breiten Hüften ab. Sie beginnt auf Englisch auf uns einzureden, ob wir nicht in ihre Stube kommen wollen, sie hätte ja dies und das und noch was. Sie spricht viel und schnell und wir wollten uns das Angebot eh ansehen. Drinnen gibt es genau eine Sorte Muffins, nämlich mit Banane. Er kostet zwei Dollar.

In Ecuador kann man für den Preis ein komplettes Mittagsmenü bekommen, Suppe, Hauptspeise plus ein Getränk. Der zweitteuerste Muffin, den wir gesehen haben, kostete eineinviertel Dollar. Zudem mag ich keine Bananenmuffins. Danke, sagen wir höflich und gehen wieder.

Draußen holt uns nach einigen Schritten die Dame, der der Laden offensichtlich gehört, wieder ein. Sie ist Dänin, wie wir später erfahren.

Ob wir glauben, das sei teuer, fragt sie uns aufgebracht auf Englisch.

Ja.

Sie beginnt aufzuzählen, was es sie kostet, den Muffin zu machen, und dass sie eine Familie zu ernähren hat, dass das Leben nicht leicht ist, dass ihre Gewinnspanne gerade mal einen Dollar beträgt. Und das alles in einem Ton, als hätten wir keine Ahnung von der Realität. Als hätten wir ihre Lebensberechtigung infrage gestellt und ihre gesamte Sippschaft auf siebzehn Generationen mit einem unumkehrbaren Fluch belegt.

Du kannst ja für den Muffin nehmen, was du möchtest, sage ich ihr, aber da wendet sie sich schon ab und geht in eine andere Richtung.

Bist ja frei, sage ich, aber ebenso sind wir frei zu kaufen, was wir wollen.

Sie geht weiter und reagiert nicht.

Warum redest du nicht mit mir?, rufe ich ihr hinterher.

Es ist, als würde man auf einen Knopf drücken. Menschen, die einen ankeifen und dann einfach so stehen lassen, weil sie zu feige oder zu sonstwas sind für eine wirkliche Konfrontation, regen mich maßlos auf.

Fuck you, brülle ich über die Straße.

Das bin ich, 37 Jahre alt, wahrscheinlich mehr Bücher als Postkarten geschrieben, fast schon erwachsen, stehe ich in Baños, Ecuador, auf der Straße und brülle Fuck you durchs halbe Dorf, weil mich eine geistesgestörte Dänin ignoriert.

* *Seit ich Thomas Kohnstamms Buch* Die absolut ehrlichen und völlig schamlosen Bekenntnisse eines professionellen Reiseführer-Autors *gelesen habe, habe ich ein anderes Verhältnis zu Reiseführern. Vieles wundert mich nicht mehr, doch ich möchte noch ein Zitat anbringen, das ich entdeckt habe: „Vietnam gilt als das momentan sicherste (Reise-)Land Asiens. Innenpolitische Krisenherde sind nahezu unbekannt (stabiles, wenngleich autoritäres System, keine militante Opposition, praktisch keine Moslems)." Moslems darf man sagen, das ist kein böses Wort wie Ziegenficker, wie Houellebecq die Menschen dieser Konfession nennt, Menschen, die verantwortlich dafür sind, dass man sich als Mitteleuropäer nicht mehr sicher fühlen kann, wenn man sie in der Nähe weiß.*

Gekaufte Abenteuer

Seine Jacke ist aus Goretex, sein Rucksack hat eine Schutzhülle und ein modernes ultraleichtes Gestell. Seine Blechtasse hat einen Karabinerhaken als Griff, mit den Schuhen könnte man wahrscheinlich den Himalaja besteigen, sein Handtuch lässt sich auf die Größe einer Streichholzschachtel zusammenfalten, er hat eine absolut wasserdichte Tasche für seine Digitalkamera, in der auch sein MP3-Player Platz hat, einen Kompass, wasserdicht bis hundert Meter Tauchtiefe, eine Armbanduhr mit Puls- und Höhenmesser, einen Wecker mit integrierter Taschenlampe, etwas gegen Mücken, das er Dschungeldeo nennt, und eine Badehose, mit der man nahtlos braun werden kann, weil das Gewebe nicht die UV-Strahlung absorbiert. So kann man auch in prüderen Ländern auf Bräunungsstreifen verzichten.

Er war schon in ganz Südamerika, Cuzco, Titicaca, Rio, Buenos Aires, Saõ Paulo, Lima, und tauscht sich gerne mit anderen Reisenden aus, wo sie was gesehen haben und in welchem Hotel sie waren und wo es am billigsten ist und wo es die leckerste Pizza, die beste Lasagne und die geilsten Partys gibt.

Seine früheren Reisen haben ihn nach Vietnam, Thailand, Kambodscha, Indien geführt. Er versteht sich nicht als Tourist, er möchte das Land selber entdecken, Menschen kennenlernen, die Kultur aufsaugen, sich außerhalb der ausgetretenen Pfade bewegen, der Armut und den Gefahren ins Auge sehen.

Wenn er das Abenteuer sucht, könnte er die Wanderung

doch einfach mal in Flipflops machen, wie unser Führer, schlage ich vor.

Er versteht es nicht.

Aber das würde ich wahrscheinlich auch nicht, wenn meine Ausrüstung so viel gekostet hätte, dass ich befürchte müsste, sie würde alleine weiterreisen, wenn ich selber keine Lust mehr habe.

Immer nur berauscht

Sprüche zum Thema gibt es viele: Ich habe kein Problem mit Alkohol, nur ohne. Oder wie Keith Richards sagt: *Ich hatte nie Probleme mit Drogen, aber Probleme mit der Polizei.* Es heißt auch: Die Realität ist für Menschen, die mit Drogen nicht umgehen können.

Drogen verändern die Wahrnehmung. Anders ausgedrückt: Sie belügen einen darüber, was gemeinhin als Realität angesehen wird. Sie gelten als eine Flucht aus der Welt, die wir um uns herum erschaffen haben, sie sind der Weg derjenigen, die mit den Fakten des Lebens kaum klarkommen, die eine Auszeit brauchen, ein künstliches Paradies, einen Rückzugsort, wo alles klar und einfach scheint.

Zurzeit ist in den Medien öfter die Rede von einem synthetischen Cannabinoid, dessen Namen ich auf Wunsch der Redaktion letzte Woche schon nicht hier erwähnt habe.*

Die Dinge, die darüber zu lesen sind, sind ein wunderbares Beispiel.

Dieser Stoff sei viermal stärker als das natürliche THC, das verantwortlich ist für die Wirkung von illegalen Cannabisprodukten wie Gras und Hasch, heißt es. Als Quelle für diese Information wird die Analyse der Firma THC Pharm angegeben, die das Produkt in den als Räucherware verkauften Kräutermischungen gefunden hat. In der Analyse ist aber an keiner Stelle etwas von einer vierfach stärkeren Potenz zu lesen. Doch die Journalisten schreiben schön voneinander ab, und diese Mär wird in ungefähr jedem Artikel weiterverbreitet.

Möglicherweise habe ich etwas übersehen, ich bin auch kein Chemiker oder Biologe, aber intensive Recherchen haben ergeben: Diese Aussage ist nicht haltbar.

Hört sich aber abschreckend und reißerisch an: viermal stärker. Das kann nicht gut sein, das ist ja wie Strohrum pur trinken. Oder gar noch ärger.

Drogen verzerren die Realität, ja. Aber Medien verzerren die Realität ebenso.** Sie belügen dich darüber, was wahr ist und was nicht. Sie erschaffen einen virtuellen Ort, wo alles klar und einfach ist und Wahrheiten immer genau in der Länge eines Artikels wiedergegeben werden können. Wenn das nicht auch eine Flucht ist, dann weiß ich es nicht.

Es gibt mehrere entscheidende Unterschiede zwischen Drogen und Medien, einer ist: Die Medien wollen dir weismachen, sie würden dir Wahrheit verkaufen. Da sind die meisten Drogen ehrlicher, wenn ihre Wirkung nachlässt, fühlt man sich wieder beschissen. Die Wirkung der Medien hingegen lässt einfach nicht nach.

Verstehen wir uns nicht falsch, ich bin kein Drogenbefürworter, aber ich habe etwas dagegen, belogen zu werden. Medien haben die Definitionshoheit darüber, was Realität ist, und nicht nur in diesem Fall verzerren sie sie völlig. Vielleicht fühlen wir uns eines Tages beschissen, wenn wir die Wahrheit herausfinden.

Aber es gibt kaum einen Weg, nüchtern zu werden in dieser Welt.

* *Es ging um JWH 018; wurde damals bei der Erstveröffentlichung des Textes gestrichen, weil man glaubte, es könne zu einer Anzeige wegen Billigung einer Straftat führen.*

** *Es gibt einen Vortrag mit dem schönen Titel* How can we get the media to tell the truth about drugs *des britischen Wissenschaftlers und Drogenexperten David Nutt, der im Auftrag* *der Regierung arbeitete, aber rausgeschmissen wurde, weil man mit seinen Ergebnissen nicht zufrieden war. Er ist derjenige, der sagt, statistisch gesehen sei Ecstasy nehmen nicht gefährlicher als reiten.*

Borgen und mopsen

Vor Jahren, als ich noch Instrumente und Anlagen in Konzerthallen trug, hatte ich einen Kollegen, der viel las, aber kaum Geld für Bücher ausgab. Bibliotheken mochte er nicht, da die nicht immer das da hatten, was er lesen wollte. Er ging einfach in den Buchladen und nahm das Buch seiner Wahl mit.

Ist kein Problem, sagte er, du steckst es in die Tasche und gehst raus, ist noch nie schief gegangen. Und ich habe auch nie Angst. Angst habe ich, wenn ich die Bücher zurückbringe. Ich gehe ja sehr pfleglich mit denen um, ich lese nicht draußen am See oder so, ich lese immer daheim und behandle die Bücher sorgsam. Wenn ich durch bin, stecke ich es in die Tasche, gehe in den Buchladen und stelle es zurück, an die richtige Stelle im Regal. Da ist dann nicht immer Platz, aber ich will es auch nicht falsch einordnen, davon hätte ja keiner was, das findet man dann ja nie mehr wieder. Deswegen ist es auch schwerer, die Bücher zurückzustellen. Jedes Mal denke ich: Wenn mich jetzt jemand dabei erwischt, wie ich ein Buch ins Regal stelle, dann kann ich echt nicht erklären, was ich da gerade mache.

Olaf ist nie erwischt worden, soweit ich weiß, und auf eine Art habe ich ihm Bewunderung dafür gezollt. Ich fand ihn mehr Punk als jede Band, für die wir jemals Verstärker geschleppt haben.

Mehr als fünfzehn Jahre später stehe ich in einem Buchladen und frage nach einem Buch, das sie laut Computer da haben müssten, das der Buchhändler aber nicht finden kann.

Das hat wohl seinen Weg nach draußen in einer Tasche gefunden, sagt der Mann.

Passiert das oft?, will ich wissen.

Ja, leider.

Und gibt es da auch eine Statistik, weiß man, welches das meist geklaute Buch ist?, will ich wissen.

Keine richtige Statistik, aber die Bestseller werden häufiger geklaut. Am meisten *Ich bin dann mal weg* von Kerkeling, das können wir direkt neben die Kasse legen, wo wir immer ein Auge drauf haben, und es kommen dennoch in drei Tagen fünf Stück weg. Jetzt haben wir nur noch Dummys rumliegen.

Dummys?, frage ich, weil ich denke, die Verlage geben möglicherweise schon Dummys für solche Fälle aus.

Doch es stellt sich heraus, dass sie nur das kopierte Cover des Buches auf weniger begehrte Titel draufpappen, mit dem Hinweis, dass es das Buch an der Kasse gibt.

Was den Drogerien Aufsteckbürsten und Rasierklingen sind, ist in dieser Buchhandlung ein Hardcover über eine Pilgerreise.

Lehrer und Bildungsbürger sind ja häufig von der Wichtigkeit des Lesens überzeugt. Es sei ein Armutszeugnis, wie wenig heute gelesen wird, höre ich vor allem an Schulen immer wieder. Dabei macht Lesen keinen besseren Menschen aus einem, aber möglicherweise einen geschickteren Dieb.

Die Anzahl der deutschen Pilger auf dem Jakobsweg ist seit Erscheinen des Buches sprunghaft angestiegen. Wenn ich davon ausgehe, dass das Buch auch in anderen Buchläden ähnlich häufig gestohlen wird, dann müsste es eine Schnittmenge geben: Menschen, die das Buch gestohlen haben und dann auf diese spirituell orientierte Reise gehen.

Olaf hat nie geglaubt, dass man Gott hintergehen könnte.

Passende Geschenke

Als Autor auf Lesereise hat man es beizeiten mit überaus freundlichen Veranstaltern zu tun, die einem gerne auch schon mal Geschenke machen, Blumen zum Beispiel, die ich eine Zeitlang immer in Hotelzimmern gelassen habe, bis ich endlich auf die Idee kam, sie am nächsten Morgen irgendeiner attraktiven Frau am Bahnhof zu schenken. Was soll ich mit Blumen, wenn ich die nächsten fünf Tage noch in Hotels wohne?

Ein Dichter, von dem bekannt war, dass er gute Weine schätzt, bekam ebensolche von wohlmeinenden Veranstaltern. Wenn man jeden Abend eine Flasche bekommt, hat man nach einigen Tagen ziemlich schweres Gepäck. Also hatte er es sich wohl angewöhnt zu sagen: Das ist ja herzallerliebst, das freut mich sehr. Aber wissen Sie, was noch besser wäre: Wenn sie mir den nach Hause schickten, dann müsste ich ihn nicht noch sechs Städte lang mit mir herumtragen. Ich schreibe Ihnen mal meine Adresse auf.

Ich weiß, dass ein Geschenk in erster Linie eine Geste ist, und die erkenne ich freudig an. Außerdem kenne ich diese Geschichte. Dennoch bekomme ich, wahrscheinlich aus falscher Höflichkeit, den Mund nicht auf, wenn mir jemand nach einer Lesung eine Flasche Wein schenkt. Vielleicht kann man es auch Feigheit nennen. Oder es ist mein Unwille zu langen Erklärungen, ich schaffe es einfach nicht zu sagen:

Oh, vielen Dank, ich weiß es zu schätzen und freue mich sehr. Aber in den letzten zehn Jahren habe ich so gut wie gar keinen Alkohol mehr getrunken, auch diesen Wein hier werde ich nicht trinken, ich werde ihn weiterverschenken an Freunde, die ihn nicht zu schätzen wissen, weil sie sich mittlerweile vorkommen wie meine persönliche Alkoholhalde. Möchten Sie ihn nicht einfach behalten und ich freue mich über die Geste und darüber, dass ich die Flasche nicht mit mir herumschleppen muss?

Vielleicht kann man so etwas nicht sagen und selbst wenn man es könnte, würden wahrscheinlich Fragen folgen: Ob mir Wein nicht schmeckt, warum ich keinen Alkohol trinke, ob das schon immer so war, ob ich keine Laster habe und noch einiges mehr.

Ich kenne diese Art Fragen aus anderen Situationen und es erscheint mir nur folgerichtig: In einer Gesellschaft, in der alles auf Konsum ausgerichtet ist, muss man Konsum nicht begründen, Verzicht aber sehr wohl.

Aber anders betrachtet käme wohl niemand, schon gar kein Veranstalter, auf die Idee, mir Zigaretten zu schenken, Baldriantee oder Viagra.

Kein Alkohol ist auch keine Lösung, heißt es ja, aber warum Wein immer ein passendes Geschenk sein soll, kann mir auch keiner erklären.

Rollenbewegt

Die Frage, wann ein Mann ein richtiger Mann ist, wird je nach Zeit und Ort auf verschiedene Art und Weise beantwortet. Der moderne Mann des Westens ist anders als der traditionelle, überdenkt überkommene Rollenmuster und versucht eine Haltung zu finden zu Partnerschaft, Gleichberechtigung, Elternzeit, Ernährerrolle, Beschützerinstinkt, zu Demonstration von Schwäche und Gefühlen, zu Tränen und zu Muskeln.

Eine Studie, die vom Bundesministerium für Familie, Senioren, Frauen und Jugend finanziert wurde, kommt zu dem Schluss, dass die Fraktion der *suchenden* Männer mit dreißig Prozent die größte Gruppe bildet. Die anderen Gruppen aus dieser Studie mit dem Titel „Männer in Bewegung – 10 Jahre Männerentwicklung in Deutschland" werden als *teiltraditionell*, *modern* oder *balancierend* bezeichnet. Die „suchenden Männer" mögen sich fragen, wieso sie nicht in dem Namen des Ministeriums Erwähnung finden.

Eine Suche könnte man so deuten, dass über vieles nachgedacht wird. Aber wenn ich an einem beliebigen deutschen Bahnhof bin, bekomme ich den Eindruck, dass das nicht stimmt.

Tagtäglich sieht man Hunderte von Männern zwischen fünfzehn und fünfundsiebzig, mehr oder minder im Vollbesitz ihrer körperlichen Kräfte, wie sie Koffer auf Rollen hinter sich herziehen, Koffer, die in der Regel kaum größer sind als der Schulranzen eines Erstklässlers.

Ich kann nicht glauben, dass auch nur ein Teil davon sich schon mal Gedanken darüber gemacht hat, was sie da tun.

Es ist verständlich, dass man es gerne bequem haben möchte, es ist verständlich, dass man nicht fünfzehn oder zwanzig Kilo schwere Taschen schleppen möchte, aber was man sieht, sind Koffer, in die nicht mal eine kugelsichere Weste passen würde oder ein Pelzmantel, Koffer, die kaum kniehoch sind.

Und Männer, die sich angeblich Gedanken über ihr Mann-Sein machen, ziehen diese Dinger hinter sich her wie Kleinkinder Wackelenten.

Mag sein, dass mein Bild von einem Mann völlig überaltet ist, ich rasiere mir die Achseln, wenn meine Frau von der Arbeit kommt, steht das Essen auf dem Tisch, ich beschäftige mich nicht mit Fußball und Autos, sondern mit so einem System wie Yoga, das den meisten meiner Geschlechtsgenossen vorkommt wie eine Beschäftigung für sanfte Weicheier. Und ich ziehe keine Koffer hinter mir her. Nie.

In einer Welt voller motorisierter Sitzsüchtiger, die nicht mal in der Lage sind, ihre sieben Sachen selber zu tragen, ziehe ich es vor, die mir von der Natur geschenkte Kraft auch tatsächlich zu nutzen.

Auch wenn ich mich dabei allein fühle. Nur dass wir uns richtig verstehen, dieses allein fühlen hat nichts, aber auch gar nichts mit dem Bild eines einsamen Cowboys gemein.

Falsche Richtungen

Wenn man auf ein Auto spare oder einen Flachbildfernseher, einen neuen Rechner oder gar ein Haus kaufen möchte, dann würde man wähnen, dass das Produkt einem am Ende glücklich mache, sagt er.

Wir sitzen im Halbkreis um ihn herum, Menschen, die in ihrem Leben viel Aufmerksamkeit darauf verwenden, den Rücken gerade zu halten und die Konzentration bei der Atmung. Wir sind geschart um einen Mann, der in seiner spirituellen Praxis so weit fortgeschritten ist, dass er mittlerweile um die halbe Welt reist, um andere an seinen Erfahrungen teilhaben zu lassen, um ihnen Rat, Kraft und Mut zu spenden.

Irgendwann habe man genug Geld gespart, entwirft er nun das Szenario, und dann kaufe man sich einen Benz, Porsche oder Karmann Ghia. Die ersten Tage sei man glücklich, man wolle das Auto am liebsten mit ins Bett nehmen, man sei stolz, als hätte man etwas geleistet, die kürzeste Fahrt löse wahre Euphorie aus. Aber das alles nutze sich ab und eines Tages würde jemand eine Beule in den Wagen fahren und abhauen. Und schon fühle man sich schlecht. Oder das Getriebe habe Probleme. Oder man schramme im Parkhaus an einem Pfeiler entlang. Das Auto erfahre eine Wertminderung, die positiven Gefühle für das Auto würden schal werden und nach und nach durch negative ersetzt, weil das Auto mit den Jahren immer mehr Macken bekomme. Wir würden begreifen, dass dieses Objekt unserer Begierde uns nicht glücklich macht und ein neues, vielversprechenderes Ding suchen, möglicherweise ein größeres und teureres Auto.

Doch das sei falsch, fährt er fort, wir seien zu sehr mit materiellen Dingen beschäftigt, die vergänglich sind, wir sollten unsere Anstrengungen auf Unvergängliches richten, um zu dauerhaftem Frieden zu gelangen. Wir sollten meditieren und auf unsere Ernährung achten, auf unsere Gedanken. Wir dürften unsere spirituelle Praxis nicht vernachlässigen, wir sollten uns ständig bemühen. Dafür würden wir belohnt werden.

Ich sitze da und kann den Unterschied nicht erkennen. Wenn man in die Richtung geht, die er vorschlägt, tauchen die gleichen Probleme auf wie in der anderen.

Man schafft es nicht zu meditieren, weil die Mutter einen übers Wochenende besucht, und man fühlt sich schlecht deswegen. Oder man kann nicht an einer Bratwurst vorbeigehen und glaubt sich für die nächsten sieben Tage vergiftet, weil man weltlichen Versuchungen erlegen ist. Der Rücken schmerzt, man kann nicht still sitzen und glaubt, der Fortschritt würde nun ausbleiben. Man merkt, dass vier fleischlose Jahre einen nicht glücklich gemacht haben, und verdoppelt deswegen die Meditationsdauer. Man weiß, dass es nur ein materieller Wunsch ist, der einen in die Irre führt, aber man kauft die Tasche, die einen anlacht, und achtet die nächsten Tage dafür strenger auf eine Diät, die alles ausschließt, was anregend sein könnte.

Die Freude über die Erfolge in der spirituellen Praxis nutzt sich genauso schnell ab wie die Freude an einer neuen Hose.

Es ist egal, was man macht, es geht immer noch mehr, und Rückschläge und schlechte Gefühle bleiben nicht aus.

Ohnehin habe ich Schwierigkeiten, den Unterschied zwischen materiell und geistig zu erkennen. Das Materielle an einem Auto ist ein Haufen Blech und Plastik, Öl und Schrauben. Erst durch eine andere Dimension kommt das Bedürfnis nach diesem Haufen auf. Allein das Wort *Ferrari* setzt etwas in Gang im Geist. Der Klang löst eine emotionale Reaktion aus. Das hat nicht in erster Linie mit dem Material zu tun. Das ist schon spirituell. Ähnlich wie der Wunsch nach neuen Schuhen.

Es ist wie beim Fußball, ob man von links nach rechts spielt oder von rechts nach links, hängt einfach nur davon ab, in welcher Mannschaft man ist. Rennen tut man so oder so.

Vielleicht kommt der Frieden, wenn man einfach mal stehen bleibt und drauf scheißt, etwas gewinnen zu wollen.

Fernmündlich

In einer Welt, die darauf angelegt ist, die Satten hungrig zu machen und nicht die Hungrigen satt, ist es nur natürlich, dass man Dinge kauft, weil es sie gibt und nicht weil man sie braucht. Und es ist genauso natürlich, dass man nach Gründen gefragt wird, warum man etwas zum Alltagsgegenstand Gewordenes nicht besitzt. Etwa einen Fernseher. Es wird eine Haltung dahinter vermutet, ein politisches Statement, ein Ideal, eine Exzentrik. Hat man aber einen Fernseher, will niemand den Grund dafür wissen.

Wenn man nicht kauft, dann gerät man schnell in die Position, etwas erklären zu müssen.

Ich besitze kein Mobiltelefon, habe noch nie eins besessen, und nachdem ich einige Jahre geglaubt habe, die Notwendigkeit würde mich eines Tages einholen, wage ich nun zu sagen: Und ich werde wohl nie eins besitzen.

Das führt manchmal zu verqueren Dialogen mit Menschen, mit denen ich beruflich zu tun habe. Ob ich ihr meine Handynummer geben möchte, wollte eine Dame wissen, die eine Lesung mit mir veranstaltet hat. Ich sagte ihr die Wahrheit. Und sie meinte, sie könne verstehen, dass man in meiner Position seine Nummer nicht herausgeben möchte. Ich wiederholte und sie sagte: Ja, ich verstehe. Und es klang wie: Ich begreife schon, dass Sie nur höflich sein wollen.

Eine andere Dame glaubte mir, wollte aber sofort wissen, warum nicht und schob, noch bevor ich antworten konnte, hinterher: Aus finanziellen Gründen?

Dass dies kein Grund sein kann, habe ich mir nun schon oft von wohlmeinenden Mitmenschen erklären lassen. Ungefragt werde ich informiert über Prepaid-Karten, über günstige Tarifsysteme, darüber, wie praktisch so ein Ding sein kann, am liebsten mit leuchtenden Beispielen, wo jemandem das Leben gerettet wird. Ich könnte fast den Eindruck bekommen, der Rest der Welt bekommt Provision von Mobilfunkunternehmen.

Man erklärt mir auch, dass ich das Telefon ja ausschalten könne und nicht überall hin mitnehmen müsse, als hätte ich da nicht von ganz allein drauf kommen können.

Ich werde gefragt, wie ich es denn schaffe, ohne ein tragbares Telefon auszukommen, als müsste ich ungeheure Anstrengungen dafür unternehmen. Dabei ist es für mich sehr einfach. Die einzigen Menschen, die darunter zu leiden haben, sind die, die mich von einem Bahnhof abholen wollen, wenn mein Zug mal Verspätung hat.

Ich sehe den praktischen Nutzen eines solchen Geräts, aber nicht die Notwendigkeit. Aber dass ich deshalb keins habe, weil ich keins brauche, wäre jetzt auch gelogen. Ich besitze Unmengen an Dingen, die ich nicht brauche und die ich nicht mehr missen mag. An denen aber habe ich Freude.

Fremd hier

In einem Märchen fragt der König seine Töchter, wie sehr sie ihn lieben, und die jüngste antwortet: Wie das Salz in der Suppe. Der König ist erbost über diese Antwort und merkt erst nach Jahren, wie unrecht er der jüngsten Prinzessin getan hat, als er sie verbannte.

Man kommt nicht gut aus ohne Salz, eine Binsenweisheit, über die man sich heute keine Gedanken machen muss.

Ein Kolumbianer, nennen wir ihn Juan, übersiedelte vor einiger Zeit aus beruflichen Gründen nach Deutschland, ohne deutsch oder englisch zu können. Sprachen kann man lernen. Einkaufen kann eigentlich jeder, das muss man nicht erst lernen. Als Juan nach einigen Tagen in Deutschland in dem Apartment, das die Firma ihm zur Verfügung gestellt hatte, eine Suppe kochen wollte, ging er in den Supermarkt und fand alles, was er brauchte, bis auf das Salz.

Reihe für Reihe ging er immer wieder die Regale ab, er wusste ja, dass es Salz geben musste, aber er konnte es nicht finden. Nach fünf Minuten vergeblicher Suche war sein Ehrgeiz angestachelt, nach zehn Minuten zweifelte er an sich selbst, nach zwanzig Minuten war er nah dran, die Idee mit der Suppe wieder aufzugeben. Ohne Salz hatte das keinen Sinn.

Da hörte er eine Frau mit ihrer Tochter spanisch sprechen und sprach diese an. Kurz darauf hatte Juan eine kleine Kartonverpackung mit Salz in der Hand, das auch noch in der Regalreihe stand, in der er Salz vermutet hatte.

Aber doch niemals in einer Verpackung aus Pappe. Das gab es in Kolumbien nicht, da war das Salz in Plastikbeuteln, Pappe würde nur dazu führen, dass das Salz feucht wird und klumpt.

An jenem Tag hat sich Juan gefragt, ob er in Deutschland überleben würde. Heute kann er deutsch und erzählt gerne die Geschichte, wie er ratlos durch den Supermarkt läuft.

Eine Geschichte, die illustriert, wie fremd man in einer anderen Kultur sein kann, wie sehr man an den Dingen des Alltags scheitern kann. Und wie man die Welt um sich herum als logisch und folgerichtig empfindet, nur weil sie einem jeden Tag so und nicht anders begegnet. Alltag bestimmt das Leben, aber das merkt man meist erst, wenn er aus irgendeinem Grund nicht funktioniert. Passen die Schuhe, vergisst man die Füße.

Es gibt Menschen, die mit dem Alltag in Deutschland keinerlei Probleme haben, die über das normale Maß hinausgehen, die aber dennoch als fremd gelten, weil ihre Eltern oder Großeltern einem anderen Kulturkreis entstammen und unglücklicherweise ihr bloßer Name sie verrät.

Die gehören hier mittlerweile dazu, wie das Salz in der Suppe möglicherweise, aber man behandelt sie gerne, als seien sie Alis im Wunderland, die sich nicht benehmen können.

Such doch

Er gilt als erleuchtet, erwacht, wie Buddha. Er lebt im Nirvana, Samadhi oder wie immer man es nennen möchte. Wenn das stimmt, woran ich selber keinen Zweifel habe, dann ist er ein weiteres Beispiel dafür, dass dieser Seinszustand nicht zwangsweise dazu führt, dass man liebevolle Umgangsformen entwickelt. Er sitzt vorne in Socken auf einem Sessel, wir sitzen ebenfalls unbeschuht auf Stühlen oder dem Boden um ihn herum, und er macht sich lustig über all die Leute.

Menschen, die gekommen sind, um ihn zu hören, Menschen, die hoffen, so zu werden wie das Bild, das sie sich von diesem Mann machen, jemand, der verschmolzen ist mit dem kosmischen Bewusstsein und in einem ewigen Frieden lebt.

Wenn all ihre Bemühungen, so zu werden, vergebens sind, dann ist da immer noch die Hoffnung auf das Jahr 2012, in dem der Kalender der Maya ausläuft. Dann, so sehnen sie herbei, wird etwas Gewaltiges passieren, ein Paradigmenwechsel, ein Wendepunkt in der Geschichte. Unzählige Menschen werden spontan erleuchtet werden, und sobald eine kritische Masse von Erleuchteten erreicht ist, werden auch die anderen in einer Art Kettenreaktion zu kosmischem Bewusstsein gelangen.

Diese Vorstellung belustigt den Mann vorne derart, dass es an Unhöflichkeit gegenüber seinen Zuhörern grenzt.

Aber wieso sollte Humor eigentlich Grenzen haben?

- Wenn dann nur noch Erwachte rumlaufen, dann werde

ich eine Agentur gründen, sagt er, Rent-a-seeker. Miete dir einen Sucher.

Klar, die Erwachten brauchen ein Publikum wie dieses hier. Menschen, die zahlen, weil sie auch erwachen wollen.

Diese Idee erheitert mich ungemein und macht mir diesen Meister doch wieder sympathisch. Zumindest sympathischer als seine Zuhörer, die über jeden seiner Witze lachen, als würden sie dafür entlohnt werden, als müssten sie mit ihrem Gekicher Offenheit und Spiritualität und Humor unter Beweis stellen.

Der Großteil der hier Versammelten sind Menschen, die warten. Warten auf 2012, warten auf die Erleuchtung, warten auf Zeichen von Gott, auf Fortschritte in der Meditation, das Ende des Leidens, das Ende der Zweifel, das Ende der Suche. Menschen, die schon so lange und so verzweifelt warten, dass sie glauben, ein Mann in einem Sessel könnte daran etwas ändern.

Most people think great god will come from the sky, take away everything and make everybody feel high, wusste schon Bob Marley.

Selbst wenn der Mann im Sessel nur vorgeben würde, erleuchtet zu sein, heiter und entspannt zu wirken dürfte ihm dennoch nicht schwer fallen. Wenn du sechs bis acht Stunden am Tag von Menschen umgeben wärst, die die Suche nach Frieden und Ruhe ganz rastlos gemacht hat und die an deinen Lippen hängen, als sei deine Zunge mit dem Stein der Weisen bestrichen worden, dann könntest du auch so tun, als wäre leben leicht.

Jetzt schon sehen die Menschen in diesem Raum aus, als müsste man eine Agentur beauftragen, um sie zu finden, diese Leute, die sich verloren glauben vor lauter Sehnsucht nach der Unendlichkeit. Aus der sie kommen und in die sie wieder gehen werden, ob sie wollen oder nicht.

Vier Frauen

Am Nebentisch sitzen vier Frauen, und die eine erzählt, wie viel Aufwand es bedeutet, vier Affären gleichzeitig zu haben. Sie berichtet von den beiden, die von den anderen nichts wissen dürfen, von dem einen, der glaubt, es gäbe bloß einen Nebengeliebten, von dem Ehemann, dem das alles egal ist, der aber so selten Zeit hat, dass sie ihn nun schon wieder seit acht Wochen nicht in ihrem Terminkalender unterbringen konnte.

Der Grund, warum sie in aller Öffentlichkeit so offen redet, ist wohl auch darin zu suchen, dass fast alle anderen nur deswegen in dieser Kneipe sind, um die Liveübertragung eines Fußballspiels zu verfolgen.

Ich rücke mit meinem Stuhl etwas näher zu der Gruppe und halte den Blick nach vorne gerichtet, als würde auch mich das Geschehen interessieren.

Eine andere Frau klagt über ihre Rückenschmerzen, darüber, dass ihr immer etwas dazwischen kommt und sie die Termine für die Krankengymnastik nicht einhalten kann, dass sie sich daheim nicht disziplinieren kann und ihre Übungen nun fast täglich vernachlässigt und morgens manchmal glaubt, sie würde kaum aus dem Bett kommen.

Die dritte möchte aufhören zu rauchen und wertet es als Erfolg, dass jetzt zumindest ihr Mann glaubt, sie hätte aufgehört, weil sie nicht mehr in seiner Gegenwart raucht, sondern nur noch tagsüber auf der Arbeit.

Sie sind so in ihr Gespräch vertieft, dass ihnen nicht auffällt, dass auch ich kaum reagiere, wenn vorne ein Tor fällt. Ich frage mich, warum sie sich ausgerechnet hier treffen und ob sie selber schuld sind oder etwas Hinterhältiges in meiner Lauscherei liegt.

Die vierte hat sich eine neue Digitalkamera gekauft, ein Gerät, mit dem sie äußerst zufrieden ist, nur der Preis war arg hoch, ihr Mann darf nicht herausfinden, was es gekostet hat, sonst gibt es tagelang wieder nur Diskussionen.

Vier Frauen um die vierzig, und sobald eine den Mund aufmacht, fällt mir fast die Kinnlade herunter. Aber solche Menschen gibt es, und nur weil man andere Macken hat, ist man sicherlich nicht besser.

In der Verlängerung ist dann eine Weile die Rede von Vorträgen und Fallbeispielen, von Aufgabenstellungen und Meinungsverschiedenheiten, sie reden durcheinander, jede trägt etwas bei und es dauert gute zehn Minuten, bis ich verstehe, dass sie alle vier gerade eine Ausbildung zur Psychotherapeutin machen.

Das macht mir die Welt, in der wir leben, ein bisschen verständlicher. Ein Wegweiser muss nicht den Weg gehen, das ist richtig, aber wenn zu viele das Schwimmen von Nichtschwimmern lernen, ist es kein Wunder, dass man glaubt, wir würden alle untergehen.

Wunder sehen

Wir leben in einer äußerst materialistischen Welt, könnte man meinen, wenn man sich umblickt, in einer Umgebung, in der nicht viel Platz für Wunder bleibt. Wenn wir Wunder sehen wollen, schauen wir zu Völkern, die wir als naturverbunden wahrnehmen, wir blicken zu religiösen Gemeinschaften, Schamanen, Heilern, Hellsehern, wir suchen in Urwäldern und Wüsten, aber selten hier. Hier scheint endgültig bewiesen, dass die Materie stärker ist als der Geist. Deshalb kann man nicht durch Wände gehen. Deshalb gilt es als Wunder, dass Jesus über Wasser gelaufen ist.

Materie ist fest und lässt keinen Platz für Zweifel, wenn sie einem auf den Fuß fällt, tut es weh, bei jedem. Wenn jemand beim Anblick eines Mystikers plötzlich in Tränen ausbricht, dann liegt es womöglich an ihm selbst, an den Umständen oder an der Vorgeschichte, aber nicht zweifelsfrei an dem Mystiker.

Und in so einer durch und durch materialistischen Welt glaubt man schnell, etwas verloren zu haben, daher kommt ein Bedürfnis nach Wundern und die Idealisierung von einem Leben, das im Einklang scheint mit irgendetwas, was man hier nicht zu fassen bekommt.

Dabei ist man von Geist umgeben, den ganzen Tag. Von Gedanken, die sich zu Materie verdichtet haben. Wir leben in einer Fiktion, die uns real erscheint, weil sie zu Materie geworden ist.

Wenn der moderne Mensch sich umblickt, ist alles was er sieht, zunächst als Idee in einem Kopf gewesen. Der

Tisch, der Stuhl, die Wand, der Computer, das Auto, der Schlüssel, der Teller, die Hose, die Socken, der Rock, nichts davon war ursprünglich Materie, sondern existierte zuerst nur als Gedanke im Kopf eines Menschen. Ein Gedanke, der so lange und ausführlich und systematisch gedacht wurde, bis er es als Gegenstand in die greifbare Welt schaffte. Wie sollte die Wand stärker sein als der Geist, wenn der Geist sie doch erschaffen hat? Nur weil man nicht hindurchgehen kann?

Die Welt ist voller Wunder, und wenn wir etwas verloren haben, dann ist es nicht der Geist, sondern die Augen, die Wunder zu sehen. Wenn morgen jemand ein Wasser erfinden würde, auf dem wir alle gehen könnten, dann würde man wieder an den Sieg der Materie glauben und nicht an den Sieg des Geistes.

Privatleben

Man kann sich an eine beliebige Kreuzung stellen, am besten in einem Wohngebiet mit Parkplatzproblemen, das auch noch verkehrsberuhigt ist. Da sausen die Fahrzeuge nicht so an einem vorbei und man kann sich in Ruhe in die Insassen anschauen.

Dass motorisierte Sitzsüchtige lieber eine Viertelstunde lang einen Parkplatz suchen, anstatt einen Fußweg von zehn Minuten in Kauf zu nehmen, erscheint vielen normal und ist möglicherweise sogar nachvollziehbar: Wenn man schon ein Auto hat, möchte man auch die Annehmlichkeiten auskosten und nicht so weit weg parken, dass man auch zu einer Haltestelle des Nahverkehrs hätte gehen können.

Eine andere Annehmlichkeit des Autos ist ja, das man es als privaten Raum empfindet, wo man für sich ist und nicht die Gesichter, Gerüche, Gespräche und Geräusche seiner Mitmenschen im Bus ertragen muss. Man kann selber entscheiden über Lautstärke und Temperatur, manchmal sogar über Geschwindigkeit.

Dass Autos Fenster haben, durch die man nicht nur von drinnen nach draußen, sondern auch von draußen nach drinnen sehen kann, scheinen die meisten zu vergessen.

Selbstgespräche führen alle Menschen, fast andauernd. Doch wenn man das nicht nur in Gedanken, sondern auch laut tut, gilt man als nicht ganz normal. Ohne Headset hat man nicht vor sich hinzureden in der Öffentlichkeit, und diese unausgesprochene Regel gilt meist auch noch in den eigenen vier Wänden, doch nicht im Auto. Der Prozentsatz an Menschen, die beim Autofahren nicht nur mit sich selbst reden, sondern auch mit anderen Menschen, die sie gar nicht hören können, weil sie in einem anderen Auto sitzen, ist ungewöhnlich hoch. Auch die lebhafte Gestik während dieser einseitigen Gespräche beeindruckt, da die wenigsten Fahrer sie in die Zeit nach dem Aussteigen hinüberretten können.

Doch selbst wenn ein Gesprächspartner im Auto sitzt, merkt man oftmals, dass die Kommunikation unbeobachtet geglaubt wird. In einem Café oder einem Supermarkt oder gar auf der Straße habe ich noch nie einen Streit zwischen Eheleuten gesehen, bei dem so wild herumgefuchtelt wird wie im Auto, bei dem sich die Gesichter derart vor Wut und Zorn verzerren, dass man glaubt, der Fahrer könne in einem Anfall von Raserei nicht nur unnatürlich beschleunigen, sondern gar auf Fußgänger draufhalten, um sich abzureagieren.

Man kann sich an eine beliebige Kreuzung stellen und sich die Menschen in den Autos anschauen. Man braucht nicht an die Umwelt zu denken, an Benzinpreise und Parkplatzprobleme, an die Knappheit der Ressourcen. Man kann sich einfach an eine beliebige Kreuzung stellen und versuchen, sich ein Bild davon zu machen, was so ein scheinbar privater Raum mit uns anzustellen vermag.

Ein Abschied

Die Fragen könnten sich stellen: Was treibt einen dazu, über einen Zeitraum von über drei Jahren nahezu Woche für Woche einen Text abzuliefern, ohne einen Cent dafür zu sehen? In einem Onlinemagazin, das bei Lesungen auf Nachfrage nur die wenigsten kennen? Wieso schreibt man Kolumnen, wenn man das Gefühl hat, mit den Projekten im Kopf mehr als genug Arbeit für die nächsten vier Jahre zu haben? Und alle angeschriebenen Verlage die Herausgabe einer Kolumnensammlung ablehnen. Und das waren nicht wenige.* Was bringt mich dazu, so etwas zu tun, obwohl ich darauf angewiesen bin, mit geschriebenen Worten meinen Lebensunterhalt zu bestreiten?

Es ging nie ums Geld beim Schreiben, auch wenn es irgendwie die Miete zahlen muss. Ich schreibe gerne. Es ist eine der schönsten Beschäftigungen für mich. Und es war fast immer angenehm, meine natürliche Faulheit zu überwinden und jede Woche einen Text liefern zu müssen. Obwohl nie jemand was gesagt hat, wenn ich mal aussetzen wollte oder geschludert habe. Einmal die Woche wird sich einfach ausführlich und schriftlich mit einem Thema auseinandergesetzt, das mich ohnehin beschäftigt.

Ich bewundere ja Menschen, die Tagebuch schreiben, weil ich auch dafür meistens zu faul bin. Aber wenn ich mir die Kolumnentexte rückblickend anschaue, kommen sie mir vor wie ein Tagebuch. Ich weiß, was für eine Zeit in meinem Leben das war, als der Text entstanden ist, einfach weil ich sehe, welche Richtung meine Gedanken genommen haben.

Die Texte waren häufig nicht besonders literarisiert oder gar verschlüsselt, sondern häufig persönlich und einfach. So persönlich, wie sonst wahrscheinlich nur das *Tourtagebuch*, das ich geschrieben habe.

Es war eine schöne Gelegenheit, eine Plattform für diese Art von Texten zu haben, und ich bin auch dankbar für einige angenehme Anekdoten, die diese Texte mir beschert haben. Wie zum Beispiel die Mail aus dem Benin, nachdem ich geschrieben hatte, dass dort jemand ist, der gerne bei Ikea einkaufen würde. Von genau der Person, von der die Rede war. Oder einen Auftrag für einen Text für das *Hanfblatt*, für das ich sonst wohl nie geschrieben hätte.

Aber es gab im Laufe der Jahre auch viele persönliche Rückmeldungen, die mir zeigen, dass Schreiben ein Mittel zum Teilen sein kann.

Danke. Danke an alle Macher von *Zuender*, danke an alle Leser für die Zeit und Aufmerksamkeit. Es war eine schöne Zeit, und man sieht, liest, hört sich.

An anderer Stelle. Auf bald.

** Dank gebührt an dieser Stelle Stefan und Nico von asphalt & anders, deren Verlag es damals noch nicht gab.*

Selim Özdogan

geboren 1971 in Köln, studierte kurzzeitig Volkerkunde, Anglistik und Philosophie. Zahlreiche Jobs, zahlreiche Veröffentlichungen, unter anderem 2010 *Ein Glas Blut*. Im Frühjahr 2011 erschien sein Roman *Heimstraße 52*; in der Anthologie *Schau gen Horizont und lausche* ist er mit der Kurzgeschichte „Laternenlicht“ vertreten. Selim Özdogan lebt in Köln.

www.selimoezdogan.de